suhrkamp taschenbuch 2865

Der frühe Ausbruch aus der unerträglichen Enge einer Salzburger Kindheit führt den Autor (Jahrgang 1948) nach Paris, ins europäische Ausland und später in die USA. Nach einem Selbstmordversuch hat er nichts mehr zu verlieren. Als die Ausbruchsbewegung in eine Kreisbahn übergeht und ihn zurück in die Zwangsverhältnisse ehelicher, bürgerlicher Normalität führt, träumt er von einem neuen Ausbruch. Dieses autobiographische Fragment zeichnet sich durch eine – verglichen nicht nur mit Skwaras eigenen Werken – beispiellose, die Literatur überschreitende Rücksichtslosigkeit, auch gegenüber der eigenen Person, und eine untröstliche, rastlose Verzweiflung aus. Der Sohn, der Mörder, der Verschwender, der Liebende, der Versagende, der Leichtsinnige – am Schluß führt er seine amerikanischen Kinder über den Salzburger Friedhof, um ihnen seine Toten zu zeigen.

Von Erich Wolfgang Skwara, Autor zahlreicher Romane, Erzählungen und Gedichte, erschien zuletzt der Roman *Die heimlichen Könige* im Insel Verlag.

Erich Wolfgang Skwara
Versuch einer Heimkehr

Erzählung

Suhrkamp

Umschlagfoto: Peter Mertz

suhrkamp taschenbuch 2865
Erstausgabe
Erste Auflage 1998
© Suhrkamp Verlag Frankfurt am Main 1998
Suhrkamp Taschenbuch Verlag
Alle Rechte vorbehalten, insbesondere das
des öffentlichen Vortrags, der Übertragung
durch Rundfunk und Fernsehen
sowie der Übersetzung, auch einzelner Teile.
Druck: Nomos Verlagsgesellschaft, Baden-Baden
Satz: Hümmer GmbH, Waldbüttelbrunn
Umschlag nach Entwürfen von
Willy Fleckhaus und Rolf Staudt
Printed in Germany

1 2 3 4 5 6 – 03 02 01 00 99 98

Und niemand
Kann von der Stirne mir nehmen den traurigen
Traum
Friedrich Hölderlin

I

Die bloße Gewohnheit, nach jeder Nacht aufs neue das Licht der Sonne zu sehen, beweist uns nicht ihren Aufgang morgen, sagte der Mathematiklehrer. Es könnte geschehen, daß wir eines Tages im Dunkel bleiben, nur die Wahrscheinlichkeit stellt sich dagegen. Er versuchte sich in Logik und erreichte uns nicht. Die Klasse lachte, so unhandlich waren seine Gedanken, und Wahrscheinlichkeiten genügten uns. Es gab Natur- und Weltgesetze, die einen durchaus beruhigten. Auch der Sohn verlangte keine Beweise, ging aus der Schule und hielt sich an nichts. Für die Mehrheit ist es vergeudete Zeit, überhaupt etwas lernen zu wollen, meinte der Deutschlehrer, sie entwickelt sich doch zum Kaufmannsgesindel. Aber der Deutschlehrer galt als ein Spötter, niemand fühlte sich wohl in seiner Gegenwart, nur der Sohn war die Ausnahme und liebte ihn. Immerhin ist der Deutschlehrer früh an einer schrecklichen Krankheit gestorben; die göttliche Strafe zu Lebzeiten, sagte die Mutter, und das Gute wird erst im Himmel belohnt. Jeder sagte etwas anderes, Sätze standen wie Bäume im Wald, dazwischen das Unterholz des heimlich Geflüsterten, unerlaubt Gedachten, und darin mußte der Sohn sich zurechtfinden. Freilich gab es die ausgeschlagenen Wege, auf denen viele gingen, in aller Wahrscheinlichkeit nicht die schlechtesten Straßen, aber im Sohn wuchs der Widerspruch. Er durchquerte Sumpf- und Sand- und Klettengelände, das sich jeweils spurenlos hinter ihm schloß. So kam er langsam und doch viel zu schnell »der Welt abhanden«, lernte diese und andere Dichterzeilen, die Unzahl der Aussagen lief auf die Menschen zu und erfaßte und vernichtete sie, eine entsetzliche Springflut. Der Mathematiklehrer war aus der Art geschlagen, er spielte Klavier, er verbrachte drei Stunden täglich am Flügel, stets vorbereitet für sein Niemalskonzert, doch manchmal spielte und sang er der Klasse Auszüge aus Opern von Wagner vor. Dann wurde der Mathematiklehrer ein anderer, seine Tenorstimme zitterte siegreich, die Schüler aber blieben dieselben Schüler, die Metamorphose steckte nicht an. Die Klasse brach in Gelächter aus, völlig still war es nie während solcher Vorträge, der Sänger beendete leidend die Arie, vollzog schüchterne Läufe auf dem Klavier, aber immerhin, nur böse Menschen haben keine Lieder, sagte die Mutter, und der Lehrer war gut. Er half dem Sohn, der nicht mathematisch denken wollte, auf dem Schlachtfeld der algebraischen Ordnungen, warf ihm rettende Noten nach, und der Sohn bestand die Maturaprüfung bestimmt nur deshalb, weil der Professor ihm Antwort und Lösung in die Feder diktierte. Du brauchst die Wissenschaft nicht, sagte der Lehrer einmal, als er dem Schüler im Treppenhaus begegnete, warum soll ich dich quälen damit, du hast andere Fähigkeiten, du hast Glück, daß ich das einsehe. Du wirst im Leben etwas anderes tun.

Da war es deutlich ausgesprochen, daß die Schule noch nicht das Leben war. Wie kurz oder lang war denn eigentlich dieses Leben? Der tägliche Schulgang, der durch staubige, häßliche Straßen führte, war immerhin Überwindung und Last genug, wer wollte darüber hinaus Arbeit und gar Erfolg verlangen, physische Gegenwart sollte genügen. Schon sehr früh erschöpfte der äußere Rahmen des Lebens diesen Sohn, ermüdete ihn das unbewußte Bewußtsein der Zeit; da blieb für Leistung und Ziel kaum etwas übrig. Ein Sorgenkind nicht sich selber, sondern den lächerlich Besorgten, der Hausmeisterebene des Lebens, die nur auf Bilanzen blickt. Auf dem Schulweg konnte man träumen, hinter manchen Häuserdächern befände sich das Meer.

Musikalisch war nicht nur der Mathematiklehrer, auch die Mutter war musikalisch, sonntagelang konnte sie singen, halbleise, mit gar nicht so übler Stimme, für sich allein, oft mit Tränen in den Augen. Es waren traurige Lieder, Operettenfadheit, die den Sohn nicht erreichte. Er verletzte die Mutter, wenn er grob forderte, singe doch nicht diesen Kitsch! Dann weinte sie offen, weil der einzige Sohn so herzlos war und das Gemüt seiner Mutter nicht verstand. Sie sprach gern vom »Gemütskrankwerden«, dabei dachte der Sohn gelangweilt an Fieber und heiße Umschläge. Mutter liebte die Operette, dort lagen ihre Erinnerungen, Lauwarmes zwischen den Klammernzeichen der beiden Weltkriege, eine Kindheit und Jugend in der nacktesten Bescheidenheit, als das Mädchen in Wien zu Fuß von der Graumanngasse der kleinen Leute über den Gürtel, die Mariahilfer Straße und den Ring – etwas umständlich, aber schöner war's – zur Urania gegangen war, um das Straßenbahngeld zu sparen, um sich aus vielen gesparten Straßenbahngroschen eine Karte fürs Kino oder gar für die Volksoper zu leisten. Bach war ja langweilig nach fünf Minuten, immer dieselbe Musik, sagte die Mutter, sagte Österreich. Mozart ist heiter, der Schubert gefühlvoll, man lebte im Land der Musik und wußte Bescheid. Aber wozu auch das Reden, die Kunst ist ein Zeitvertreib, und das Leben fordert die Ernsthaftigkeit der Krämer und Beamten. Der Sohn, der in den Wolken lebte, würde viel lernen müssen, um sich im Leben behaupten zu können, mahnte die Mutter. Vor allem müßte er mit beiden Füßen auf der Erde stehen. Man lebte in Salzburg, wenn die Kulissenstadt etwas lehrte, dann war es das ständige Entgleisen, das den zielgerichteten Blick bedrohte. Die schöne Stadt nahm die Angst vor allem Versagen von ihren Bewohnern fort. Eine unheilige Wandlung, ein Verliebtsein in den Bankrott, und aus diesem tausendfach aufgezwungenen Abrutschen von der Vollkommenheit in die Geschmacklosigkeit wuchs die Sehnsucht.

Auf seinem fliegenden Teppich Fernweh konnte der Sohn die Vorstadt nicht ertragen. Die Kette der Berge, die sich lieblich oder dramatisch gebärdete, trennte nur schmerzlicher vom Süden, von Florenz und Toscana, von Vollendungen, die in Salzburg versucht und angedeutet, aber doch nicht erreicht wurden. Es kam eben nicht nur auf die Baumeister an, sondern auch auf die menschlichen Bausteine. Die Häuser der Vorstadt, die untrennbar zur zentralen Bühne gehörten, waren immerzu grau oder braun oder gelb mit verdreckten Fensterscheiben. Die Gassenjungen schmierten mit ihren erregenden Fingern schmutzige Wörter auf das Glas. Auf den Gehsteigen tanzte in kleinen Wirbeln der Unrat, obwohl alles Äußerliche in dieser Stadt täglich gesäubert wurde. Dennoch glänzte nichts. In den Hinterhöfen klopften die Frauen billige Teppiche, sie holten weit mit den Armen aus, als vollzögen sie haßerfüllt eine Prügelstrafe. Der Sohn verachtete ihre Körperkraft. Es fiel ihm schwer, sich diese Weiber zur Nacht als Geliebte ihrer Männer auszumalen. Aber auch die Männer konnten unmöglich Liebhaber sein. Er ekelte sich vor den Frauenkörpern so sehr, daß er beschloß, niemals ein Mädchen seiner Stadt zu berühren. An Samstagen umstanden Wasserkübel die geparkten Fahrzeuge, dann waren Richter und Staatsanwälte, die Ärzte, die Bankdirektoren und Landesschulräte damit beschäftigt, ihre Autos zu waschen und zu polieren, um die paar Schillinge zu sparen, die eine Tankstelle für diese Arbeit verlangt hätte. So wurde man reicher und billig. Bald bedeutete Sparsamkeit dem Sohn ein Fortwerfen der Menschenwürde. Dieser ungenaue Begriff verwirrte ihn, er lebte im denkbar verkehrtesten Land, um das Wort zu erfassen und zu erfahren. Hier wurde alles, auch Menschenwürde, zum Klassen- und Standesdünkel, man sollte davonlaufen, eiligst fliehen, aber der Sohn war ein Kind und bis auf weiteres dem eigenen Land ausgeliefert.

Nicht weit von der Neubauwohnung, die man vor kurzem bezogen hatte, lag der Bahnhof. Das sieben Jahrhunderte alte Kindheits- und Patrizierhaus in der Innenstadt, wo die Mutter mehr als drei Jahrzehnte Mieter gewesen war, hatte man verlassen und besaß jetzt eine Eigentumswohnung. Man war im Grundbuch eingetragen, man war nicht länger nur geduldet, die Mutter betonte den Unterschied. Im neuen Gebäude wohnten einige hundert Menschen, über sechzig Familien, und im Keller gab es verzweigte Gänge, die eine Spur von Geheimnis bereithielten, solange der Sohn erst dreizehn war. Bis zum Bahnhof brauchte man zehn Minuten, mit dem Fahrrad waren es drei. Der Sohn liebte den Bahnhof auf seine Weise, wie die Säufer und Strichjungen den Bahnhof auf ihre Weise liebten. Jedenfalls hielten nur solche und eben der Sohn sich für längere Zeit auf den Bahnsteigen und in den häßlichen Hallen auf, der Bahnhof gehörte dieser treuen Gemeinde, denn die Reisenden kamen und gingen stets eilig, nicht für sie war der Bahnhof geschaffen worden. Zwischen Trinkern und Strichjungen und dem Sohn schritten in unregelmäßigen Abständen Polizisten auf und nieder, meistens solche aus niedrigen Rängen mit nur einem Stern am Revers, aber es kam zwischen den Reihen der Bahnhofsverdammten keine Komplizenschaft auf. Dem Sohn schien das unrecht, er wünschte ein Grüßen, zumindest ein Lächeln des Erkennens, und er setzte den Anfang, indem er nach allen Seiten hin mit dem Kopf nickte. Aber die Säufer mißtrauten ihm, die Strichjungen schnitten Gesichter, und die Polizei überging ihn kalt mit dem bekannten Übermut der Ämter. Allmählich verstand der Sohn, daß er nicht im Lande des freundlichen Grüßens lebte, aber noch wußte er nichts von der Stadt der bösen Verleumdung im Rücken, von der Heuchelei zu allen Seiten; er wendete sich den Expreßzügen zu. Es war, als spotteten die grünen und blauen Schnellzugwagen über das Fernweh des Zurückbleibenden, über den unbeweglichen Knaben. Die Züge verweilten nie länger als zwanzig Minuten an diesem Grenzübergangs-Bahnknotenpunkt, der Salzburg verkehrstechnisch war. Bahnknotenpunkt, Erzbistum, Mozartstadt, Hölle. Der Sohn empfand sein Zurückbleibenmüssen als Hölle.

Das Ritual der Abfahrten, des langsamen Anrollens der schweren, vierachsigen Wagen folterte ihn. Unter den Bahnsteigdächern hingen eiserne Stäbe mit drei weißen Lampen. Wo keine Abreise erwartet wurde, blieben die Lichter dunkel. Wenn aber eine Abfahrt nahte, leuchtete bald das erste auf, weiß und rund, mild, nicht blendend, und später kamen das zweite und dritte Signal dazu.

Beim dritten aber schlossen die Schaffner bereits die Wagentüren, manchmal hetzten verspätete Reisende gepäckbeladen zum Zug. Bahnarbeiter klopften mit langen Hämmern an die Räder und lockerten Bremsbacken, die Motoren der elektrischen Lokomotiven summten. In ihrer Mitte, hinter vergitterten Milchglasscheiben flakkerte blaues, drohendes Licht. Ein Totenkopf mit gekreuzten Knochen, manchmal auch nur zwei gemalte Blitze: Vorsicht, Hochspannung, Lebensgefahr. Die Ansage erfolgte je nach Bestimmung des Zuges nur auf deutsch oder in dreierlei Sprachen. Wir wünschen eine gute Reise! Ein Pfiff des Bahnhofsvorstehers, der Zug fuhr an. Bei der Bahn sind die meisten Kommunisten, sagte der Großvater. Der Sohn wurde vollgestopft mit Kommunistenangst, als wären sie allesamt Kindermörder. Wer nichts ist und wer nichts kann, der geht zu Post und Eisenbahn, sagten die Österreicher. Aber zugleich bemühten sie sich um die sicheren staatlichen Stellungen. Die Stadt Salzburg kochte über von Sprüchen, in deren Reimen ihr Unsinn und ihre Gemeinheit geschickt verborgen lagen. Der Sohn würde lange brauchen, das Niedrige aufzuspüren und zum eigenen Urteil zu gelangen; wer es ein Leben lang nicht schaffte, galt als guter Staatsbürger. Nur der Widerspruch würde den Sohn vielleicht retten.

Die Lokomotiven aber zogen die Schnellzugwagen widerspruchslos durch Europa. Europa schien damals dem Sohn die Welt. Blaue und rote Wagen, Deutsche Bundesbahnen, aber Deutschland lockte ihn nicht, war ein Land, das durchquert werden mußte, um rasch nach Frankreich zu gelangen. Der andere Weg dauerte länger und berührte lästige Berge, lästige Dörfer, die lästige

Schweiz. SBB, Schweizer Bundesbahnen, Schnellzugwagen wie in Vorstadtzügen, selten abteilgetrennt, als wäre die Schweiz so betont gesellig, hatte der Deutschlehrer einmal gesagt. Aber Deutschland erst, nein wirklich: Transit. SNCF, grüne und aluminiumglänzende Wagen am Mozart-Expreß, la douce France, das Ziel nicht nur der westwärts fahrenden Züge. FS, Ferrovie dello Stato, die trostreichen alten Waggons mit den faustgroßen Vernietungen: es kostete Liebe und Zeit, nach Venedig zu reisen. Aber dort war das Meer, und das Herz weitete sich. Österreich haßte Italien, eine alte Gewohnheit, die Italiener zu hassen. Sie haben uns zweimal verraten, sie haben uns Südtirol weggenommen, konnte man hören, und darauf folgte das gedankenlose Schimpfwort von den Katzen und so, jeder kennt dieses Wort, das dem Sohn nie über die Lippen kam. Dabei gaben diese gemeinen Wörter die alten wie auch die jungen Österreicher von sich, auch die Lehrer, die Bildner der Jugend, redeten so. Das Erwachsenwerden beginnt, wenn ein Kind den Ekel erfährt. Der Sohn wußte freilich nur wenig von jüngster Geschichte, die Lehrpläne waren nicht darauf ausgerichtet, die eigenen Verbrechen breitzutreten, die Großen schimpften, was weißt denn du! Der Knabe hörte bestenfalls Meinungen, aber er prüfte sie nicht, sie ermüdeten ihn. Zeitlebens würde es ihm zu anstrengend sein, einen Begriff, eine Zahl auf Richtigkeit hin zu besehen, ein Lexikon, eine Statistik aufzuschlagen – das Ungefähre genügte ihm, weil er ahnte, daß auch das Genaue doch wieder nur ungefähr ist. So wußte er bloß bruchstückhaft, wie und wann Italien die Österreicher verraten hatte, aber die Mutter war mit dem Sohn nach Rom und Capri gefahren, als er vierzehn war, und auch früher schon, er war erst acht Jahre alt gewesen, war sie mit ihm nach Florenz und zum Badeurlaub ans Adriatische Meer gereist. Alle Österreicher fuhren ja in das Land ihrer Feinde, genossen den alljährlichen Urlaub und schimpften darüber, erniedrigten sich zu erbärmlichem Unkraut auf Wanderschaft. Schon auf jener ersten Reise hatte der kleine Sohn im Spiel schwimmen und radfahren gelernt, zwei Fertigkeiten, gegen die er sich daheim stets gesträubt hatte, und auf der zweiten Fahrt verliebte er sich in einen italienischen Jungen, der Giovanni hieß. Es wurde die erste Liebe, es kam zu Zärtlichkeiten, die von den italienischen Eltern freundlich geduldet wurden, während die eigene Mutter sich kaum mehr in die Hotelhalle wagte aus Scham über ihren mißratenen Sohn. Glühende Briefe folgten jenem Sommer am Meer. Der Mißratene lernte Italienisch wie im Fieber, er merkte, wie sein Verrat an der nördlichen Herkunft sich unabwendbar verdichtete; vorherbestimmt schien er schon längst. Um wie vieles gewichtloser war da ein Verrat Italiens an den schwerfälligen Österreicher in Zeiten des Krieges. Wer jemals über den Brenner nach dem Süden fuhr, bedarf keiner Worte, der weiß: Den Brenner südwärts erstreckt sich mittelmeerisches Licht, kein gestohlenes Österreich. Es konnte sein, daß zu Österreich einmal gestohlener Süden zählte, seinetwegen auch rechtvoll erworbener, damals im Kaisermärchenland. Der Kaiser war tot, auf dem Brenner wechselt das Licht. Was Sie auch sagen mögen, erklärte der Sohn dem Geschichtslehrer, *vae victis* ist ein Gesetz der Historie, ich verachte das Jammern des Verlierers. Was für ein Volk sind denn diese Österreicher, wo das Heulen durch Generationen anhält? Mehr als der Sieg verlangt die Niederlage nach

Würde. Daraufhin wurde die Mutter in die Schule gerufen, sie kehrte mit geröteten Augen heim. Schluchzend ermahnte sie den Sohn zur dankbaren Liebe zum Vaterland, das ihn angeblich Kind sein und Mann werden ließ. Überall in der Welt wuchsen Kinder heran, überall fanden die Worte der Mutter eine zweifelhafte Berechtigung. Die müden Gesichtszüge der Frau waren gezeichnet von Vaterlandsliebe, der Angststaub nächtlicher Bombenangriffe ließ seine Blässe als Schminke zurück. Der Vaterlandsstolz der mißbrauchten Mütter war ehrlich empfunden, das erschreckte den Sohn. Was hatte das Land für seine Menschen getan? Ja gewiß, man lebte im großen und ganzen jetzt komfortabel. Aber diese Bequemlichkeiten waren das gelungene Werk des Vergessens eigener Schuld und eines geistlosen Fleißes, den auch Ochsen beweisen konnten. Die Weltkriegstoten, deren trübe Namen gelegentlich fielen, fehlten den Söhnen nicht, weil diese ja nachher geboren waren. Eine Stimme des Blutes gibt es nicht, lästerte der Sohn. Auch keine Neugierde nach ihren Vorfahren flackerte in den jungen Köpfen, diesen toten Unverwandten krähte kein Totenvogel mehr nach. Wenn dies grausam war, so hatte die Grausamkeit nun einmal ihren natürlichen Platz in einer sich verjüngenden, alternden Welt.

Trotzdem begab sich die Mutter neben tausend anderen Müttern vor allen Festtagen auf den Friedhof, um die Gräber zu schmücken und vom Unkraut zu reinigen, das auch auf den Gräbern wächst. Der Sohn begleitete seine Mutter mit der perversen Lust an der Todesnähe, die schon im Kinde beschlossen war. Auf den Grabsteinen kauerten Namen, moosüberdeckt oder blankgescheuert, schreierisch lesbar oder kaum zu erkennen, Namen, die für den Sohn nur Buchstaben, für die Mutter jedoch – so behauptete sie – versteinerte Gefühle waren. Überall sah sich der Spätgeborene aus der Welt seiner Mutter ausgeschlossen, stellte er Fragen, die nur ungenügende Antwort erhielten. Sie erzählte Begebnisse aus den Leben jener Namen, doch der Sohn, von einem Fröseln berührt, wollte gar nicht hinhören. Er schützte sich nach der Art der Jugend mit Beleidigungen, summarischen Urteilen, frechen Bemerkungen, die an die Toten gerichtet waren, doch welche die Mutter auf sich bezog. Er beschimpfte verstorbene Tanten verreckte Dirnen, nannte Kriegsgefallene Naziverbrecher, und wußte doch von jener Eiszeit nichts. Er wollte die Toten nicht in ihren Gräbern schmähen, er wollte nicht Schmerz zufügen, dennoch trieb ihn ein böser Zwang, das konturenlose Gefühl, betrogen worden zu sein, zu solchen Worten. Etwas in ihm wollte Rache nehmen, Rache an Toten und Lebenden unterschiedslos, und es war seine Kindheitsdistanz zur übrigen Welt, die ihn verstörte. Die vielen Gräber empfand er als Zumutung, was hatte er mit ihnen zu schaffen, es gab keine Nähe, weil es keinen Nächsten gab, nicht einmal einen richtigen Vater. Der Sohn mochte die Toten seiner Mutter nicht. Noch besaß er keine eigenen Toten, obwohl sie sich einstellen würden, bei Gott: So unerhört früh! Dennoch würde der Sohn keinen Friedhofsbesuch versäumt haben, und nach jeder den Toten zugerufenen Beleidigung, die eigentlich für die Ohren der Mutter bestimmt war, entschuldigte er sich in Gedanken bei den Verstorbenen. Sie hörten ja nichts, wollte er glauben, aber was wissen wir wirklich von ihnen, also versicherte er sie vorsichtshalber seiner Achtung, seiner Liebe gar, übertrieben, hysterisch, die Gedankenzärtlichkeiten überschlugen sich im Knabenkopf. Die Mutter aber weinte über das herzlose Kind mit der Pathetik ihres Geburtsjahres und der Geographie ihrer Geburt im schwermütigen Hause Österreich.

Nach Hause fuhren Mutter und Sohn im gelben Obus, in dem es je nach Tageszeit von Arbeitern, Schulkindern oder alten Frauen wimmelte. Jede Haltestelle trug einen Namen, den der Schaffner oder der Fahrer über Lautsprecher ausrief. Seit ein Lehrer den Sohn seines Dialektes wegen gerügt hatte, bemühte sich dieser um klares Deutsch. Mit der Mutter aber sprach er weiterhin auf die hergebracht-häßliche Weise. Weil er sich dieser Sprache schämte, ihr im Zusammensein mit der Mutter jedoch treu bleiben mußte, um in ihren Augen derselbe zu scheinen, unverändert entartet, war er gezwungen, sich in Gesellschaft – also hier im Bus – in Schweigen zu verkriechen. Dieses Schweigen aber war nicht natürlich, die enge Beziehung zwischen Mutter und Sohn ertrug keine Stille, es blitzte an der elektrischen Oberleitung der Städtischen Verkehrsbetriebe, und manchmal kam es zum Kurzschluß. Der Obus hielt mit einem Ruck, Mutter und Sohn redeten plötzlich aufeinander ein, lauter und lauter, schließlich brüllten sie. Jedermann horchte dem Streitgespräch zu, da sprang der Beschämte aus dem defekten Gefährt und lief mit brennend rotem Kopf seinem Bahnhof zu.

Er starrte den Zügen nach und gewann seine Fassung wieder. Noch immer benützten die Österreichischen Bundesbahnen Waggons aus den dreißiger Jahren. Das Material versah weiterhin den Dienst, wirkte weder fragil noch überaltet, fügte sich in die modernste Zuggarnitur. Der Sohn konnte nicht begreifen, wie diese Wagen durch

Hitler und seine Verbrechensjahre hindurchgefahren waren, um heute, nach solcher Komplizenschaft, fahrplanmäßig auf Bahnsteig drei oder sieben zu stehen. Er verstand auch nicht die älteren Menschen, die das Vergangene durchlebt hatten und jetzt wieder lachten. Aber immerhin erneuern die Menschen ihre Körperzellen, alle sieben Jahre sind wir neue Wesen, völlig ausgetauscht, sagte der Biologielehrer, während man diese Erneuerung gewiß nicht bei Zügen vermuten durfte. Doch wer weiß, es gibt die Kalendergläubigen und die Treulosen an der Zeit. Jeder erfährt die Verwandlung anders, unterliegt dem Tod auf rebellische oder demutvolle Art.

Jetzt, da ich sterbenskrank bin und mich nimmer erholen werde, schrieb der Großvater vor seinem Gang – besser Sprung – in den Tod, stünde es mir zu, mich der bedeutenden Ereignisse meines Lebens zu erinnern. Aber sosehr ich mir den Kopf zermartere, es will mir nichts einfallen, das über den allgemeinen Lauf meines Lebens hinausragt. Das befremdet die wenigen Menschen, die mich zu kennen vorgeben, weil sie mein Leben gern als erfüllt oder doch wenigstens als abgerundet betrachten wollen. Mir jedoch erscheint mein Leben gleichermaßen unbedeutend, sozusagen gasförmig und ohne Linien. Es fliegt mir jetzt alles davon, was mir durch Jahrzehnte zugeflogen kam, und beides soll mir recht sein. So gleichgültig bin ich geworden, daß ich mein Vorhaben kaum als solches bezeichnen darf, daß ich bezweifle, ob ich mich überhaupt dazu aufraffen werde. Doch es bedarf nur einer Minute der Konzentration, das muß ich mir immer wieder vorsagen ... Dann, an einem milden Oktobervormittag, war der Großvater bei der Mutter erschienen, wo er bis zum Mittagessen blieb. Während der

Mahlzeit sagte er konfuse Dinge, die im nachhinein stets bedeutsam werden, weil Worte sich nun einmal aufblasen lassen wie Luftballons. Der Sohn war an jenem Tag nicht daheim. Beim Abschied hätte der Großvater plötzlich die Hände gefaltet und mit lauter Stimme das Vaterunser gebetet. Die Mutter habe sich freilich gewundert, weil der Großvater zeitlebens nur äußerst selten gebetet hatte. Langsam wird auch er ein wenig sonderlich, habe sie gedacht, aber immerhin hätte sie in sein Gebet eingestimmt. Dann wäre der Großvater, seinem Brief zufolge, auf den Kapuzinerberg aufgestiegen. Der Kapuzinerberg war ja sein liebster Ort auf dieser Welt, und als Großvater noch gesund gewesen war, ist er täglich auf den Kapuzinerberg gegangen. Auch seine beiden Wellensittiche hatte er dort oben begraben. Die Gesetze des Landes sorgten dafür, daß die Ehefrau, als es auch bei ihr soweit war, auf den Kommunalfriedhof mußte, sonst hätte der Großvater seine Cäcilie ebenfalls auf dem Berg bestatten lassen. Nur in den letzten Lebensjahren, als ihm die Beine immer entschiedener den Dienst aufkündigten, wurde der Kapuzinerberg für den Großvater ein zunehmend unwirklicher Traum. Es schmerzte den Alten, nicht zu den Gräbern seiner Wellensittiche pilgern zu können. Der Großvater hatte kleine Ziele, er war in seinem Leben kaum je auf Reisen gegangen, nur einmal, in seiner Jugend, trugen ihn die Umstände bis nach Trient. Als dort allmählich sogar die Bäume und die Blumen anders wurden, hatte er Angst bekommen und war umgekehrt. Das Meer hatte der Großvater nie gesehen, er sehnte sich auch nicht danach. In den Bildern und Fotografien des Meeres entdeckte er nur dessen Monotonie, nicht seine Größe. Aber am letzten Tag seines Lebens war der Großvater trotz seiner kranken Beine, trotz seiner Herzbeschwerden, trotz strengster ärztlicher Verbote auf den Kapuzinerberg gestiegen, und jedermann fragte sich später, wie ihm der Aufstieg gelungen war. Ein Sieg der Willenskraft über den Körper, man einigte sich auf diese geläufige Formel.

Der Sohn freilich vermochte sich vorzustellen, daß ein schwerkranker Mensch für einen einzigen Tag so gut wie alles vollbringen könnte, wenn nur die Gewißheit einer nahen Erlösung den Motor abgibt. Wieder in die Altstadt zurückgekehrt, war der Großvater auch gleich an die Arbeit gegangen. Er war von seiner straßenseitigen Wohnung im vierten Stockwerk auf den hofseitigen Dachboden im fünften Stockwerk gestiegen, nachdem er auf dem Wohnzimmertisch den Abschiedsbrief, die Taschenuhr und die Brieftasche »zu treuen Händen an die Tochter« hinterlegt hatte. Oben, auf dem Dachboden, mußte der Großvater einen Sessel an das Fenster ziehen, um die Fensterbank erreichen zu können, denn er litt neben allen anderen Krankheiten auch an der Gicht. Er zog zuvor seine Jacke aus und hängte sie vorsichtig über die Sessellehne; warum dieses gute Kleidungsstück im Sturz beschmutzen, beschädigen, vielleicht unbrauchbar machen? Auch die Brille nahm der Großvater ab, man fand sie in ihrer Blechhülle in der Rockinnentasche. Nachdem alles vorbereitet war, erkletterte der Todessüchtige das Absprungbrett. Er schwang sich hinaus. Im freien Fall durchmaß er den lichtarmen Hinterhof, der das Patrizierhaus von einem drittklassigen Hotel trennte, diesen Hof, über den hinweg vor nicht allzu langer Zeit der pubertäre Sohn in die Fremdenzimer gespäht hatte, in der pathetisch-erregten Hoffnung auf eine sich entkleidende

Frau. Nun fügte der Großvater diesem Hof eine neue Dimension der Atemlosigkeit hinzu. Er prallte auf dem gepflasterten Boden auf, er konnte nicht viel Lärm verursacht haben, denn zwei Arbeiter entdeckten ihn erst, als er schon einige Stunden tot war.

Der Hinterhof als der große Akteur, als Freiraum, Kerker und zarter Mittler in unser aller Existenz. Gern erzählte die Mutter aus ihrer Jugend. Stundenlang hätte sie an freien Tagen lesend beim Fenster gesessen. Im Hotel gegenüber hätte ein Maler gewohnt, der das junge Fräulein unentwegt anblickte. Das Lesen und Bewundertwerden muß Romane verschlungen haben. Endlich ließ der Maler dem Mädchen ein Schreiben überbringen, worin er sie bat, ihm Modell zu sitzen. Der Maler kam aus Amerika und war in seiner Heimat berühmt. Das Mädchen, die Mutter, willigte zögernd ein. Das Porträt erforderte viele Sitzungen. Am Ende bat der Maler sein Modell, mit ihm nach Amerika zu gehen. Ich werde dich wieder und wieder malen, du bist das Gesicht meines Lebens, soll er beteuert haben. Aber die Schnelligkeit der Gefühle des Malers, wie die große Entfernung Amerikas, hätten die Mutter erschreckt. Ich war zeitlebens ein anständiger Mensch, sagte sie oft, und somit blieb es bei einem einzigen Bild. Das Kunstwerk sei übrigens wundervoll, man dürfe wohl sagen genial, und es hänge in einer bedeutenden Galerie Amerikas. Wenn du einmal nach Amerika kommen solltest, sagte die Mutter schwärmerisch zum Sohn, mußt du mein Bildnis unbedingt suchen.

So gab es niemanden in der Familie, der nicht sein besonderes Erlebnis hatte mit dem Hinterhof des Patrizierhauses; die Mutter hatte ihren Maler gefunden, der Sohn die ersten erhaschten Erregungen, der Großvater seinen

Sprung in den Tod. Und der Sohn war stolz auf das Ende des Großvaters. Die beiden hatten einander stets mißverstanden, einer verachtete den anderen, für den Sohn war der Alte bisher ein Feigling gewesen, und der Jüngere verstörte den Großvater durch Hochmut und freche Maßlosigkeit. Die Jungen haben zu schweigen, kreischte der Großvater wutentbrannt, aber die veränderte Welt schlug dem Mann von gestern mitleidlos ins Gesicht. Die Alten haben zu sterben, konterte der Sohn, aber meinte es nicht und sagte nur so. Die billigen Siege der Wortbegabten! Warum sollen die Jungen auf die Alten Rücksicht nehmen, wenn auch die Zeit keine Rücksicht übt. Heute dir, morgen mir. Den gefaßten Freitod des Großvaters aber bewunderte der Enkel, endlich entdeckte er Kraft – eine seltene Kraft – in der scheinbaren Schwäche des alten Mannes; der lebenslang Tote war von seinem Schattendasein erlöst zur farbigen Wirklichkeit.

O diese wunderliche Familie! Sie war geübt im Namengeben ohne Anspruch und Recht, man gestand einander Verhältnisse zu, die es längst nicht mehr oder gar nicht erst gab: Einen Großvater, einen Vater, die Verirrungen gingen zu weit. Träume, diktiert von Mittelmaß, Leben, gebaut auf Wahrscheinlichkeiten, aber der Mathematiklehrer hatte recht, wir wissen nicht, ob morgen die Sonne aufgeht. Der Tote war zehn Jahre jünger als seine längst vorangegangene Frau, die Hosen im Haus hatte sie angehabt. Ihm war das nur recht, und als sie dann starb, trauerte er, als wäre ihr leidenschaftsloses Leben dennoch die große Liebe gewesen. Er sehnte sich nach seiner Cäcilie.

Wer weiß, Romeo und Julia sind nicht nur in schönen Halbkinderkörpern und vornehmen Häusern daheim, sie leben viel öfter im Mißverstehen, auf faltigen Stirnen, im täglichen wortlosen Krieg. Der Sohn verstand, daß es möglich ist, ein Leben lang unaufrichtig zu sein, querzuliegen, falsch zu leben, und dennoch mit einer einzigen Handlung die große Korrektur zu setzen. Großvaters Sprung rückte das viele Verfehlte ins rechte Maß, und die Korrektur darf so spät stattfinden, das sie schon halb drüben siedelt. Mit der Gewißheit, daß es niemals zu spät ist, daß die letzte Berichtigung jedermann offensteht, wurde der Sohn ein Verschwender. So lehrte der vorsichtige Großvater den Enkel die Kunst des höheren Leichtsinns. Der echte Verschwender wird zum Gott, denn er vergeudet die Schöpfung, verschleudert Menschen, Gedanken, Gefühle, Talent und Zeit.

II

Der Verschwender verließ den Ort des Verbrechens noch am gleichen Tag, an dem der Onkel begraben wurde. Er wollte nur fort, nichts sollte ihn halten. Der Tod des Onkels, der nicht durch äußere Trauer zu bekunden war – man mußte jeden Verdacht entschärfen –, löste dennoch Bewegungen aus, die dem Verschwender die Ruhe raubten. Trotzdem schien damals, in jenem Dezember, der Stellenwert der Ereignisse so gering, daß von allen denkbaren Empfindungen nur die Befreiung erfahren wurde. Die Freiheit enthielt billigen Jubel über ein wenig ererbtes Geld, über den ersten neuen Wagen, den der Einundzwanzigjährige sich jetzt kaufen konnte, und über die Wahnsinnsfahrt nach Paris. Seien Sie vorsichtig während der nächsten Tage, hatte der Autohändler den Käufer gewarnt, fahren Sie nicht zu schnell, nicht zu sportlich, der Wagen muß eingefahren werden. Das Auto mußte eingefahren, der tote Onkel eingegraben werden, doch nein, der Onkel wurde eingeäschert: Wirtschaft, Horatio, Ökonomie bis zuletzt, der Wunsch des Verstorbenen wurde erfüllt. Und weil man den neuen Wagen nicht ausfahren durfte bis zur Höchstgeschwindigkeit, ging es nur langsam voran auf der Flucht nach dem Westen, die Kilometer dehnten sich, eine Übernachtung drängte sich auf, am besten in Straßburg, dort kannte der Sohn das Hotel *Maison Rouge*, er war schon als Kind einmal dort gewesen, auch eine Garage befand sich gleich vor dem Haus. Unverändert blieb Europa, der Verschwender gehörte zu jenen Menschen, die immerzu alles von früher

her kennen, als kämen sie selbstverständlich und heiter aus einer anderen Existenz. Aus einer anderen Zeit stammten die Fachwerkhäuser, die Buchläden, wo die deutsche und die französische Sprache mit der schönen Natürlichkeit nebeneinander wohnten, die auch im Kopf des Reisenden herrschte, in diesem unbrauchbaren Kopf. Bunte Auslagenfenster, fesselnde Bilder, aber der Flüchtling entwischte nicht seiner bohrenden Schuld.

Er wollte ja nicht, daß der Onkel stürbe, aber er verweigerte ihm den Versöhnungsbesuch, zu dem die Mutter ihn drängte, mit jedem Mal lauter und leiser zugleich. Der Sohn war so stark, so starrsinnig böse, er eilte zu dem Kranken nicht hin, um Frieden zu schaffen nach langem Streit. Mutter, die den Tod hatte kommen hören, forderte ihren harten Sohn an neun Tagen neunmal auf, zu dem Kranken zu gehen. Neun letzte Tage nach jenem häßlichen Kampf. Der Sieger durfte von Sieg nicht reden. Natürlich erfolgte das *Unentschieden* im Monat November, wenn die Menschen geboren werden, die ein Leben lang im Nebel bleiben. Neun Tage lebte der Onkel noch, eine wilde Katze, die neun zähe Leben besitzt. Der Onkel trug schneeweiße Haare, man hätte dem Alter Milde gewähren sollen, vielleicht. Aber wer denkt an das Alter der Älteren? Sehen die Söhne in ihnen nicht vielmehr die Wand, die fensterlose, das stumme Echo, das Gegenüber, die Nacht? Allzu deutlich vergilbt ihre Haut, wird zu Leder, allzu störend schleppen ihre Schritte, die geisterhaften.

Sie hatten wieder einmal gestritten, einander angebrüllt nach Löwenmanier, mit aller verfügbaren Kraft. Ein Mißverständnis, bereits vergessen, dann konnte der Alte plötzlich nicht weiter. Einer von uns muß noch heute das Haus verlassen, rief er, nein: winselte er. Dann geh du! hatte der Sohn erwidert. Dann geh du! – Auf den Erfolg der Sekunde bedacht, grausam, eine Unerhörtheit: Dann geh du! – Zugebrüllt einem Greis, der sich zitternd erhob, aus dem Zimmer wankte, umständlich in den Mantel schlüpfte, Mutters Vermittlungsversuche nicht hörte, wortlos, ächzend das Haus verließ. Es schneite, der Sohn war im Zimmer zurückgeblieben und hielt sich sogar für einen Sieger.

Der Onkel war zum Auto gegangen, zu seinem alten grünen Volkswagen, und startete den Motor. Die Mutter hatte weinend beim Fenster gestanden, der Sohn blickte gleichfalls den weißen Auspuffwolken und dunkelroten Hecklichtern nach, bis sein Atem die Fenster beschlug und die Sicht auf den vermeintlichen Verlierer fortnahm. Da bog der Onkel bereits um die Häuserreihe. Er war hinausgefahren aufs Land, Kreise ziehend, ein verwundeter Geier, eine Totenkrähe, und war schließlich bei dem vielen Eis gegen eine Mauer geprallt. Der Unfall war kaum der Rede wert, aber der alte Mann war nicht aus dem Wagen gestiegen. Als eine Gendarmeriestreife das Auto entdeckte, schien der schweigsame Greis dringend der Trunkenheit verdächtig. Er hörte nicht auf die Beamten. Die vermeintliche Trunkenheit erwies sich beim Arzt als ein kleiner Infarkt. Der Fall wurde sofort in das Krankenhaus der Barmherzigen Brüder überstellt.

Der Sohn aber lachte noch immer über den Onkel, der sich dem Anschein nach ihren Streit so übertrieben zu Herzen genommen hatte, daß sein Herz daran brach. Tage und halbe Nächte verbrachte die Mutter bei dem schwer Erkrankten, und jedesmal kehrte sie mit schwärzeren Nachrichten heim. Die glanzlosen Silben ihrer Vorwürfe fielen als schmerzlicher Hagel auf den Sohn, der sich wünschte, taub zu sein. Er lernte fremde Sprachen, verkroch sich in Büchern, um nicht ersticken zu müssen. Zu den Barmherzigen Brüdern ging er nicht, denn er glaubte noch immer, schuldlos im Recht zu sein. Am zehnten Tag verstarb der Onkel, das Spiel war vorüber. Und sein Mörder bist du, sagte die Mutter.

Weil der Sohn nicht eingehen will auf ihre weinerlichen Berichte, wie elend die letzten Tage des Kranken gewesen wären, wie röchelnd sein Atem gegangen sei, wie er stündlich bei halbem Bewußtsein nach dem Sohn gefragt hätte, wissend: Da stand eine Rechnung offen, weil dieser Sohn nicht darauf eingehen will, darf er eilig das Ende zur Seite schieben. Kaum Tränen bei Mutter, die kamen erst später, und keine Bestürzung im Mörder. Was lebt, muß sterben, und seit Jahrzehnten stand fest, der Onkel wird eingeäschert werden, wenn es erst soweit ist. Die Mitgliedschaft des Onkels beim Feuerbestattungsverein DIE FLAMME erfüllte jetzt ihren einzigen Zweck. Der Sohn stieß durch Zufall auf die Police, seit seiner Jugend hatte der Onkel pünktlich die Prämien bezahlt, die Belege türmten sich zu einem kleinen Berg. Der Sohn aber haßte das Feuer, er liebte die sanfte Dramatik des Hinabsinkens in die Erde, er suchte die Lust in allen Bereichen, nur gehörte dieser Tod dem Opfer und nicht seinem Mörder.

Die Verabschiedung von dem Toten verlief plangemäß und dennoch mit Zwischenfällen. Die Ehefrau des Verstorbenen tauchte auf, eine verhärmte Königin, die sich seit Jahren im Hintergrund gehalten hatte. Die Mutter und sie drückten sich aneinander vorbei, als wäre die Welt zu eng für die kleinen Schritte zweier Frauen um einen Mann. Wie stolz und im höheren Recht sich zum erstenmal die Mutter fühlte! Auch ein Bäcker betrat die Bühne, der dem *wissenden* Sohn, den jedermann unwissend glaubte, die Hand schütteln wollte. So setzte der Tod des Onkels den Wirrnissen noch lange kein Ende. Aber nur keine Brüderschaft, nichts Enges, nichts Halbes, schon der Gedanke wurde zur Qual. Eine Komödie: Goldoni, Pirandello, Shaw, oder besser gleich das Absurde, Ionesco, Beckett, was fiel einem ein? Nicht viel an jenem Dezembertag. Die Mutter und der belesene Mörder nahmen Platz in der zweiten Reihe schwarzgestrichener Stühle, die erste blieb leer, keiner wollte vor fremden Augen auf Nähe pochen, und die Königin mit dem Bäckermeister begnügte sich gar mit dem dritten Rang, als hätte sie ein geringeres Anrecht auf Gegenwart. Sie mußte es selber am besten wissen.

Nicht zu Rande gekommen waren sie mit der Peinlichkeit ihrer Verwicklungen, nicht zu Ende gekommen mit dem schillernden Toten, aber so sanft tönte die Tonbandmusik aus dem Krematorium, tönten die maßgeschneiderten Priesterworte, und schon schloß sich das lautlos betriebene Tor. Hier wurde keiner gelangweilt. Zeit kostet Geld, schmiedeeisern lockten und warnten die rhythmischen Worte *Asche zu Asche – Staub zu Staub*. Schon war der Sarg aus dem Blickfeld der Trauernden entschwunden. Das elektrische Feuer ward längst geschürt, in einem Verbrennungsofen von SIEMENS, und vier Tage später stand das Produkt, die glänzende Aluminiumurne, abholbereit im Büro der Friedhofsverwaltung, während die Rechnung für dieses Reduzieren zu Hause im Brieffach lag.

Da war der Mörder bereits heiter gelandet im schönen

Paris. Die Mutter schickte die Rechnung an den Feuerbestattungsverein, der bezahlte und doch gut verdient hatte an dem Verstorbenen. Ein Zementbehälter wurde gefunden, die Urne erfüllte den kleinen Raum, nirgends blieb eine Ecke frei für den Mörder, den Sohn. Der sollte erst einmal leben, sollte seine Tat an alle Türen kreiden und Verzeihen finden. Sollte sich selber Erlösung sprechen von allem Übel.

Noch vor der Verabschiedung vom toten Onkel hatte der Sohn bei der Bank die Summe behoben, die der in Ewigkeit sorgende Alte für ihn bestimmt hatte, auch für ihn, seit Jahren gehortet im Namen des Mörders. Im Namen des Vaters, des Sohnes und des heiligen Geldes, der Jüngere war nicht gierig, war nur ein Verschwender, und im Beten recht ungeschickt. Über das Sterben hinweg rauschten die Hände des Onkels durch das Leben des Sohnes, seines Mörders. So laut dieser fordern mochte, laß mich allein, der Tote gehorchte keinem Befehl.

Schön war das Auto, eine Augenweide, dabei nicht protzig, nicht kleinlich, eine neue Illusion von Freiheit. Das Fahrzeug trug den Sohn übers Land, der Anblick der Wiesen berauscht ihn, ihre grünen Einflüsterungen zur Rückkehr unter die lockende, schmeichelnde Erde. Er wollte ein Leben lang nur fahren und hungrig nach Bildern sein. Er war ein Weichling, er schreckte zurück vor dem Fließen der Zeit, begegnete Mädchen und Knaben und bat sie gleich um ihr Haar. Wozu brauchst du mein Haar? – Zur Erinnerung. Die Jugend verstand nur unzureichend, wurde hellhörig, erschauderte, wenn er ihre Locken in Umschläge bettete und mit einer Nadel Öffnungen in diese Umschläge stieß. Sie dienen der Zufuhr frischer Luft, sie werden euer Haar am Glänzen erhalten, wenn ihr selber längst glanzlos geworden seid. Ein Verrückter; man zog sich besser zurück. Er lebte in gräßlicher Angst vor dem Verbleichen leuchtender Farben, seit er als Kind die tote Libelle gefunden hatte. Das Insekt schimmerte in den herrlichsten Farben, die das Kind für immer bewahren wollte. Er legte die tote Libelle mit aller Zärtlichkeit in eine Zündholzschachtel. Doch schon am nächsten Morgen, als der Knabe sich erneut an seiner schönen Toten begeistern wollte, war ihm vor lauter Entsetzen die Schachtel aus den Händen gefallen. Ein Aufschrei, die Mutter kam herbeigelaufen, sie dachte, daß etwas Schlimmes geschehen wäre. Aber sie fand nur das erstarrte Kind, über eine schwarze Libelle gebeugt. Von Farbe und Licht war nichts übriggeblieben. Die Mutter fand die Geschichte komisch, sie lachte grausam: Das ist eben so. Das Kind aber hatte erfahren, daß der Tod die lieblichen Farben zerstört. Also galt die Schönheit auch nichts mehr. War der Sohn mit dieser Erfahrung nicht zum Mörder vorherbestimmt? Es bedurfte eines gewaltigen Schmerzes, einer bunten Libelle, die ihre Farben verliert, um die Empfindsamkeit abzuwerfen und im heiteren Lachen eine Grimasse des Bösen zu sehen.

Im Größerwerden, das dem Knaben ein Schrumpfen schien, hatte er gern auf den gezähmten Bergen seiner Kindheitslandschaft gestanden und nach dem Westen geblickt. Der Westen versprach in seinen welligen Ebenen die Ankunft. Dort staute und sammelte sich am Abend das Licht, als könnte es lange nicht abfließen von der gerundeten Welt. Eine Wachheit erfüllte den Knaben, die seine Spiele zerstören mußte und die ihm runzlige Lehrer und Gönner eintrug, lauter Greise, fünfmal älter als das Kind. Er betrog sich um seine Jugend, suchte und brauchte keine Freunde, griff immer nur nach Träumen und Bildern, die sich mißbrauchen, beleuchten und schwärzen ließen. Eine *heitere* Kindheit gab es nicht, sie beschwor nur die langen und leeren Worte, *Sonnenuntergänge* sind lang, sechzehn Buchstaben für tausend Empfindungen, fast schämte man sich seiner *Bahnhofsvergangenheit*. Wennschon, dennschon, besser die Wirklichkeit, besser ein Trinker sein, besser ein Strichjunge, aber ein Träumer? Man spuckt auf die Träumer in der Welt.

Straßburg liegt auf halbem Wege für den, der unterwegs ist von der Sterbestadt Salzburg nach Paris. Die Elsässer Küche lockt den Mörder, er ist erwachsen, er wird seine Adressen noch kennenlernen, wo auch ein Sohn einfacher Leute zum König wird. Dabei hatte der Onkel sein Abendbrot nur zu oft aus Papier gegessen, warum einen Teller schmutzig machen, Braunschweiger Wurst war besonders billig, Bierkäse stank, aber schmeckte würzig, gelegentlich aß der Onkel Paprikaspeck, reines Fett mit rot gepfefferter Rinde, und trank dazu eine Flasche *Stiegl* Bier, der Mutter war *Gösser* freilich lieber. Es gab auch Speckwurst, gelegentlich Suppe, aber doch abends meist Kaltes. Die kalten Abende seiner Kindheit, als der Sohn spät nachts durch die Straßen irrte, gefährdet unterwegs in der todsicheren Stadt der Langeweile, als grausam jedes Licht hinter jedem Fenster dem Gehenden Wärme versprach. So wurde das Kind ein Geborgenheitsbettler – die langen Worte! –, und es brauchte viel Zeit, bis es entdecken sollte, daß die wahre Geborgenheit für einige Menschen in Hotelhallen wohnt. Der Verschwender sollte noch Wärme kaufen, wo sie einzig zu haben war, in den großen Hotels dieser Erde. Eine Suite im Wiener *Imperial*, im New Yorker

Pierre, im *Palazzo Gritti*, im römischen *Hassler*, das war Heimat, erträgliche Heimat, und überall würde der Mörder wohnen, dessen Opfer aus Zeitungsfetzen anstatt aus Tellern gegessen hatte.

Zum Überdruß lockte die Literatur, eine andere Heimat, ein hartes Exil. Der Sohn las und las, wurde büchersüchtig, ging auf das Münster zu und blickte empor. Sterne am Abend der Einäscherung, aber kein Licht in ihnen, nur Sterne zum gewohnten Firmament. Trost war überall zu haben, meistens sogar im Abverkauf, aber wer wollte schon den verbilligten Trost? Nichts entschuldigte die vorhanglose Komödie, die gespielt worden war über zwanzig Jahre lang. Ihre Akteure, nein: Schmierendarsteller mieteten das oberste Stockwerk eines sogenannten Patrizierhauses im Zentrum ihrer weltberühmten Pöbelstadt. Mutter und Sohn bewohnten die linken Zimmer, die Großeltern lebten im rechten Teil. Der Onkel trat zu festgesetzten Stunden als Gastschauspieler auf. Eine enge Marmortreppe führte zur Bühne hoch, aber Marmor wäre nicht nötig gewesen; das einfache Volk rutscht auf Marmor nur aus. Es gab kein Badezimmer im vierten Stockwerk, aber niemand litt unter dem Mangel, der nicht als ein solcher empfunden wurde, sondern nur als Umstand. Was den Menschen des Landes widerfuhr, die Verbrechen, die sie verübten oder deren Opfer sie wurden, alles lag immer nur an den Umständen.

Ein häßlicher Rahmen, der zu geschmacklosen Bildern paßte. Im Wohnzimmer der Großeltern hing ein Farbdruck, »Heimweh nach geschlagener Schlacht« benannt. Erschöpft saß ein Landsknecht vergangener Zeiten im Gras und schnitt mit seinem Bajonett von einem Brotlaib eine Scheibe ab. Unermüdlich hatte der kleine Sohn auf diesen Druck gestarrt, wenn er sich bei den Großeltern aufhielt. Die endlose Landschaft im Rücken des Landsknechts erschreckte den Jungen und zog ihn doch an. Das Brot wirkte trocken, purpurfarben, nicht eßbar. Die Großmutter, alt und leidend, hatte sich längst dem Alkohol ergeben, sie trank nur noch Bier und siechte dahin. Gelt, dieses Bild gefällt dir auch? murmelte sie, ohne den Jungen dabei anzusehen. Manchmal konnte die Großmutter nicht mehr mit eigener Kraft vom Wirtshaus nach Hause gelangen, dann trugen sie ihre Saufbrüder bis ins oberste Stockwerk des Patrizierhauses und legten sie dort behutsam vor ihre Wohnungstür. Die Großmutter war die einzige Frau in der Männerrunde und bewies der Welt ohne große Worte verwirklichte Emanzipation. Der kleine Sohn liebte diese glänzenden Auftritte: Die alten Männer, wackelig und betrunken auch sie, die seine Großmutter auf ihren Schultern die enge Marmortreppe hochtrugen; da lag die Greisin schlafend und steif, ein Schneewittchen des Verfalls, in einen unsichtbar gläsernen Sarg gebettet. Nur die Mutter schämte sich ihrer Mutter, anstatt stolz zu sein auf die kühne Freiheit der engsten Verwandten.

Manchmal nahm die Alte den Enkel ins Wirtshaus mit. Er durfte ein *Kracherl* trinken, und noch eins und noch eins. Die Großmutter führte den kleinen Mann ihren Freunden vor, wobei sie ausrief, schaut euch meinen Enkel an, ist er nicht ein fescher Bub, kauft ihm ein Kracherl, oder gebt ihm ein paar Schilling Taschengeld! Die Stammgäste gehorchten der Bettelei unter Lachen und Scherzen. Weder Großmutter noch Enkel schämten sich, es war ein ehrlicher Handel, ein fescher Bub war sein Eintrittsgeld wert.

Traurig nahm die Mutter diese Geschichten zur Kenntnis, wenn sie abends von der Büroarbeit heimkam. Sie war machtlos gegen diese Erniedrigungen. Als berufstätige Frau mußte sie froh sein, wenn die Großmutter sich des Kleinen annahm. Ein Vater fehlte eben im Haus! Der Sohn würde keine Fragen stellen. An sonnigen Wochenenden holte der Onkel Mutter und Sohn zu Ausflügen mit dem Auto ab, und wenn die Mutter ihre traurigen Lieder sang, gab es keinen Zweifel mehr, daß die ganze herrliche Welt einen traurig stimmte. Immer nur lächeln, immer vergnügt, sang die Mutter, aber der Sohn stellte keine Fragen.

Die Leute durchschauten recht bald das Spiel, die Welt, die bekanntlich die Poesie verachtet, rieb sich die Hände über das Ungereimte. Der Sohn geht jetzt auf das Münster zu, der Wind bläst vom Rhein auf die Altstadt herüber, vermengt sich hier kalt mit Dämmerung und Möwengekreisch. Der Mörder verlangsamt die Schritte. Er ist grauenhaft satt und spürt dennoch quälenden Hunger. Er muß dem Gesetz der Libellen die Treue halten. Er steht nicht zum erstenmal vor dieser Fassade, seine Nicht-Eltern haben ihm Europa zum Geschenk gemacht. Sie haben ihm eine gute, ja beste Kopferziehung geboten, der Sohn darf sich nicht beklagen. Kein Mensch auf der Welt hätte bessere Eltern als er.

III

Links neben dem Münster glüht der gute Hafen, das Restaurant, die *Maison Kammerzell*. Empfangen wird der verhärmte Gast aus einer Vergangenheit, die er los zu sein glaubt, von einer jungen Frau. Sie führt ihn an den hellsten Tisch im Saal. Um ihn erstreckt sich die silbern kristallene Welt der Speisenden, dahinter steht die Kathedrale im Zerrlicht der Butzenscheiben. Durch den Eingang kann der Gast das Mädchen sehen. Es bewacht die Garderobe und verkauft Zigarren. Der Gast fixiert die schöne Bedienstete mit seinen Blicken, die sie lächelnd erwidert. Ein möglicher Flirt, den zu führen ihm nicht gelingen wird. Nein, er beherrscht die Kunst noch nicht, doch er ist jetzt erwachsen, warum nicht fordern und genießen? Da tritt ein Lehrling an seinen Tisch, bringt Gläser und begrüßt schüchtern den Gast. Dieser sitzt auf einmal zerrissen zwischen der jungen Frau und dem Knaben, den Polen der Welt. Er glaubt sich verdammt, am Äquator der Begierde zu leben, in der größten Entfernung vergeblichen Armausstreckens. Seine Finger greifen nur Luft. So flüchtet er in das Abendmahl. Nicht sein letztes wird es, sondern sein erstes. Er will sich verwöhnen, er meint, er hätte Anspruch darauf, wenn er schon menschenlos bleiben muß, ein Mörder, ein Verschwender, ein Mönch. Er bestellt seine Gänseleber-Trüffel, seinen Wintersalat mit Entenbrust, seine Austern im Blätterteig, sein Seebarben-Filet mit Lauchmousseline – bis hierher reicht der Gewürztraminer –, seine Feine Kalbsschnitte auf alte Art, seinen Hasenrücken mit Meerrettich, seine Käseplatte – hier erschöpft sich sein weicher Brouilly –, seinen Kastanienreis; er denkt ungenau an den Espresso, den Armagnac, die Romeo y Julieta, die da kommen werden, er stammt aus dem Lande des tierischen Fressens und weiß doch alles, nichts ist ihm neu. Er wird seinen Reisepaß abwerfen müssen, eine Häutung wird notwendig sein. Das Zukunftsmahl darf heute beginnen, der Leichenschmaus atemloser Schuld.

Hinter ihm sitzt der Fremde. Sie kennen einander nicht, aber sie sind gemeinsam und doch allein durch Deutschland hierher gereist und auf separaten Wegen in dieses Haus geraten, wo sie jetzt an getrennten Tischen sitzen. Sie erkennen einander und begrüßen sich immer noch nicht. Der Fremde in seinem teuren Wagen ist stundenlang hinter dem Jüngeren einhergefahren, trieb ihn mit Lichtsignalen zur Eile an. Wenn der Sohn aber verlangsamte, verzichtete der Fremde darauf, ihn zu überholen. Als der solchermaßen Verstörte in eine Tankstelle einbog, tankte der Fremde ebenfalls. Sie standen erstmals einander gegenüber und sprachen kein Wort. Der Fremde zeigte kein Interesse an dem jungen Menschen, und dieser war zu feige, den Verfolger zur Rede zu stellen. Er steuerte seine Limousine in Stresemann-Hosen, in schwarzem Sakko mit grauer Weste und goldener Uhrkette. Ein scheinbar arrivierter Mann. Er trägt auch jetzt diese Kleidung, aber wirkt seltsam frisch darin, als hätte die Reise nicht stattgefunden. Der Jüngere hatte versucht, von der Tankstelle fortzukommen und den Fremden abzuschütteln, aber nur wenige Minuten später fuhr der schwere Wagen wieder hinter ihm. Der Sohn kehrte zur Jause in einem Rasthaus ein. Der Fremde hielt ebenfalls und setzte sich an den entferntesten Tisch im Gastzimmer. Wieder kein Wort. Die Gegenwart des Fremden beunruhigte den Jüngeren, aber er wollte sich nichts anmerken lassen. Auch wurde das Unbehagen allmählich gewichtsloser, anstatt zu wachsen, es schien dem Verfolgten nach einiger Zeit, als gehörte der Fremde zur Reise dazu. Daher wollte er dem Fremden die Verfolgung nicht länger erschweren, wenn er überhaupt in den Rückspiegel schaute, so nur, um sich zu versichern, daß der andere auch hinter ihm war. Beide Fahrzeuge erreichten die französische Grenze und passierten sie anstandslos. Erst im Stadtverkehr Straßburgs verlor der Jüngere den Fremden aus den Augen.

Als er jedoch mit seinem Koffer an den Empfangstisch des Hotels tritt, entdeckt er – als Spiegelbild seiner Ankunft – den Fremden. An der Tankstelle hatte dieser deutsch, im Rasthaus mit dem italienischen Kellner italienisch gesprochen. Hier und jetzt konversiert er im flüssigsten Französisch. Schulter an Schulter füllen die neuen Gäste ihre Meldezettel aus. Wieder schweigen sie, als der Hoteldiener sie gemeinsam zum Aufzug bittet und zu ihren Zimmern geleitet, die nebeneinander liegen. Während der Jüngere ein Bad nimmt, versucht er, nicht an den Fremden zu denken. Durch die dünne Wand hört er freilich, wie auch im benachbarten Badezimer das Wasser rauscht. Es ist bestimmt alles Zufall. Aber als der Mörder auf den Flur tritt, um sich in die Altstadt zu begeben, verläßt auch der Fremde sein Zimmer. Die Zufälle werden unheimlich. Beim Betreten des Aufzuges bietet der Jüngere dem Fremden wortlos den Vortritt. Dieser bedankt sich mit einem Kopfnicken. Aber unten angekommen, läuft der junge Gast durch die Halle und hinaus auf die Place Kléber. Er taucht eiligst in die Menge unter. Ungestört erreicht er, erst laufend, dann schlendernd, in Gedanken versunken, die *Maison Kammerzell*. Er bestellt die exquisiten Gänge des *Feinschmeckermahls*, als er den Zwang verspürt, sich umzuwenden. Hinter ihm sitzt der Fremde. Er diktiert gerade dem Maître d'hôtel die Speisenfolge des *Feinschmeckermahls*, er verlangt einen Gewürztraminer und für später einen Brouilly.

Der Jüngere starrt auf die Butzenscheiben, er fühlt sich gefangen, das alte Entsetzen ist aufgewacht. Da kommt es in seinem Rücken zu lautem Tumult. Der fremde Herr ist offenbar mit dem Wein nicht zufrieden, mit dem Gewürztraminer, der auch den jungen Gast enttäuscht, nicht weil er schlecht wäre, sondern weil man eine andere Flasche bestellt hat. Ohne ein Wort der Entschuldigung entkorkte der Kellner einen anderen, ähnlichen Wein. Diese Willkür ist beleidigend, doch schweigt der Betrogene aus Verlegenheit, obwohl er nur zu gern seinem Ärger freien Lauf ließe. Der Fremde dagegen verlangt empört nach dem Geschäftsführer, einem ausdruckslosen Menschen im dunklen Anzug, der sich die Beschwerde des Gastes anhört, um gleichgültig zu entgegnen, das tut mir leid, aber den von Ihnen gewünschten Wein haben wir nicht länger im Keller. Daraufhin der Fremde mit lauter werdender Stimme, warum klärt mich niemand auf? Warum ist der Wein auf der Karte nicht ausgestrichen? Warum öffnet man hinterhältig eine andere Flasche? Warum werde ich betrogen? – Wir betrügen in diesem Hause nicht, erwidert kalt der Geschäftsführer. Jeder im Saal blickt mißmutig auf den Fremden. Inzwischen serviert ein Lehrling dem jungen Gast die Gänseleber-Trüffel. Der Bestürzte sieht kaum die weichen und schmalen

Hände des Knaben um das schwere Silberzeug. Aber der Auftritt im Rücken hat die Stunde zerschlagen, der empfindsame Mörder genießt die Köstlichkeit nicht, sondern schlingt sie in sich hinein.

Da hören alle, wie der Fremde mit der Faust auf den Tisch haut, nach seinem Mantel verlangt und verkündet, er werde anderswo speisen, wo man die Gäste nicht betrügt. Jedermann versteinert und atmet erst wieder auf, als der unmögliche Mensch verschwunden ist. Der Jüngere aber kann sich nicht beruhigen, er möchte den Mut des unheimlichen Fremden haben. Das Ärgernis, das ihn nichts angeht, auch wenn sein Anlaß ihm selber widerfuhr, greift ihm unter die Haut. Er grübelt dem Unbekannten nach, während er unaufmerksam mit Messer und Gabel in seinen Gerichten herumstochert. Der Chefkellner tritt auf ihn zu und will wissen, ob der Gast zufrieden sei. Ja ja, murmelt zerstreut der anderweitig Beschäftigte. Dieser Fremde ist ein Gespenst, ich werde ihm wieder begegnen müssen, es wäre vergeblich, ihn aus meinem Kopf verdrängen zu wollen. Trotzdem gibt es ihn nicht, es darf ihn nicht geben. Eine Wegstrecke, die freilich ein Leben ausmachen kann, läuft das Doppel-Ich neben uns einher, verschwindet gelegentlich laut oder leise, bis es erneut gegen dich rebelliert und Gestalt annimmt. Der schöne Schein zerreißt dann aufs neue, der helle Einbahnmensch zerfällt zu elender Trümmerhaftigkeit.

Der Verschwender leert das Glas in einem Zug. Nichts rechtfertigt seine Anmaßung, er erreicht im Transit einen Punkt und möchte gleich am Leben der Menschen teilhaben, die an diesem Ort zu Hause sind. Er hat kein Recht, seine flatterhafte Existenz in den Alltag ordentlicher

Leute zu zwingen. Auch die junge Garderobenfrau führt ihr eigenes, wichtiges Leben und hätte für ihn keine Zeit. Sie lächelt ihm zu, aber sieht ihn nicht. Was empfinden die Frauen in ihrem Wiegen und Tänzeln, ihren glatten duftenden Bewegungen, ihren magnetischen Stimmen? Es könnte sein, daß sie unbewußt die Männer beherrschen, daß auch die Huren absichtslos und durchaus natürlich, also unschuldig sind. Sie sind es gewiß. Er hat zu viel getrunken, er will den Armagnac nicht mehr. Er nimmt sich vor, im Hotel nach dem Namen seines Zimmernachbarn zu fragen.

Der Rückweg ist dicht und still. Die Buchläden wieder, das dunkle Münster, die Sterne, Europa betastbar wie junge Haut. So vergißt der müde Gast, dem Nachtportier die Frage zu stellen. Am nächsten Morgen aber strahlt die Wintersonne so klar, daß der Reisende sich seiner nächtlichen Narrheit schämt. Im Frühstückszimmer sieht er den Fremden nicht, er hat sich diese wilde Geschichte wahrscheinlich nur eingebildet. Zuerst die *Verabschiedung* von dem Toten, dann die Fahrt, da kann einer gut verrückte Gedanken spinnen. Schon um neun verläßt er die Stadt. Die *Route nationale* hat ihn aufgenommen, das Abenteuer, durch undeutsche Landschaft und undeutsche Dörfer zärtliche Namen anzusteuern, sie wild zu ergreifen, mit jeder Geraden schneller zu werden, unbedachter, klüger, die mitgeführte Vernunft jetzt fortzuwerfen, umarmt ihn. Er ist außer sich vor glücklicher Fremde, der Flucht als Heimkehr, unterwegs nach Paris.

Die Straßenkurven des *Col de Saverne* nimmt er mit Zauberbergfieber, steigt höher im Hunger nach Jugend, die er besitzen will. Er ist alt, war immer uralt gewesen, und nur auf die Frische kommt es an, der die Tugenden dieses Planeten leicht zugeschrieben werden, wenn auch zu Unrecht, er sieht es ein. In Sarrebourg, in Lunéville, bei Nancy reihen sie sich entlang der Straße auf, Anhalter, Schüler mit Büchern und Heften unter dem Arm. Diese Kinder nennen kleine Ziele, laufen manchmal gar davon, wenn der Wagen mit der ausländischen Nummerntafel vor ihnen hält. Er ist sich seiner Lächerlichkeit bewußt, aber nimmt sie nicht an, denn die Kindheit hat er gründlich versäumt in der Pfaffenstadt brauner und schwarzer Kutten ohne die rosenfarbene Wollust des Glaubens. Auch die Kirche war dort nur Berechnung, nichts war echt in der Stadt seiner Herkunft, auch nicht die Nähe zur Musik. Er heißt einen willigen Anhalter einsteigen, so geht es weiter fünf oder sieben Kilometer, mit verführerischer Kindheit zur Seite. Warum findet er nicht einen Schönen, der zu ihm sagt, nimm mich mit nach Paris, ich habe von meiner Bravheit genug, ich bin auf der Flucht, nimm mich mit!

Man soll nicht fliegen wollen. Frankreich ist ein einsames Land, die Gefühle ändern ihren Stellenwert, wenn einer den Rhein überquert. Einsamkeit nicht als Fluch, sondern als Gnade ruhigen Wachsens. Der junge Herr wohnt im *Claridge*, wer wohnte da nicht. Er schlürft Portwein und spielt mit braunen Oliven im Mund. Das gläserne Deckenmosaik wirft Farben im zarten Pastell über ihn. Ein gelbes und ein purpurnes Auge, die Stirn dunkelblau, der Mund eine Schlucht grüner Algen. Gottes Mühlen mahlen langsam und nicht sicher. Der Verschwender begreift, daß der Mensch nicht umsonst diese Erde bewohnt, er belächelt den Preis seines Zimmers an der Straße der Auserwählten. Auch er wird hinaustreten und seine Blicke treiben lassen, mit dem scharfen Sinn der Todesverliebten wählt er die Hoteladresse, die bald schon verschwinden wird. Er wird die Menschen kennen, die nicht mehr sind, er wird abgestiegen sein, wo keiner mehr absteigt. Der Knabe baut hastig an seiner Legende, der Segen des Toten begleitet ihn. Er wird Erinnerungen auf seinen Rücken laden, bis dieser bucklig wird von Vergangenheit. Die Kunst des Lebens ist die Kunst des Vergessens, der Mörder beweist den perfekten Mord, er klagt sich nur selber an, das tut ihm nicht weh, zum erstenmal tauscht der Verschwender gut, übersprudelt sich in der neuen Sprache mit dem Übermut eines Geretteten, bettelt mit jedem dümmlichen Satz: merkt mir meine Herkunft nicht an. Paris ist gnädig, erteilt Komplimente, verschleudert die Absolution eines milden Winters auch an die Mörder, Land des Exils, bis am ersten Mai zur Mitternacht tausend Kinder die Gehsteige überströmen, hübsche Gesichter, um dem Frühling aus geflochtenen Körben Maiglöckchen zu verkaufen, duftende Maiglöckchen, lachend, sehr billig, man sitzt im Freien, man kauft und man kauft, wer sagt da nein?

IV

Sonnenuntergänge in der Cité Universitaire, wo der Mörder den braven Studenten mimt. Inzwischen ist viel Wasser die Seine und die Salzach hinuntergeflossen, die Erbschaft ist gründlich vertan, menschenlos lebt die Mutter, menschenlos wandert der menschenumgebene Sohn. Er hat einiges dazugelernt, aber mit beiden Füßen auf der Erde stehen, das kann er noch nicht. Die Mutter umsorgt ihre Gräber in Treue, und er ist wieder einmal zum Liebling einiger Alter geworden, die ihm fördernd zur Seite stehen. Mord wird nicht länger bestraft. Der Zufall hat dem Mörder Gedichte geschenkt, eine steife, magere Ernte, die bescheidenen Beifall findet. Der halbe Poet beschwätzt nun die Ohren seiner Opfer. Ein Stipendium in Paris, ein Einzelzimmer im besten Haus der Cité, lauter strahlende Vorzüge steckt der Taschenspieler ein. Wäre der Onkel nicht verbrannt worden, so hätten längst auch die Würmer gründliche Arbeit geleistet. Die Zeit vergeht rasch, das Studentenwohnheim ist düster, die Treppen knarren, nur keine Bewegungen, er glaubt sich überall gejagt, Tafeln aus schwärzlich gebeiztem Holz kleiden sein Zimmer aus. Der Verschwender lebt scheinbar bescheiden. Er bleibt ganze Tage lang mit sich allein, liest und schreibt, hört Musik. Das Winterlicht zersplittert in den Pinienkronen, die vor dem staubigen Fenster den Süden erschaffen. Diese Verwandlung zaubert Kloster und Orgie vor den unentschiedenen Flüchtling. Sein fiebriger Körper, an dem die gelangweilten Hände sich nicht sattgreifen können, ersetzt den Frühling nur für die

Dauer einiger flatternder Atemzüge. Er hat Oscar Wilde gelesen, er möchte als Dandy leben, aber er bleibt in allen Verlockungen ein Kind seiner Herkunft. Komm, lieber Mai und mache... Der Mai wird kommen, die Nächte laden sich mit Spannung auf, hinter den Schatten lauert Bedrohung, sie ist nicht zu fassen, sie hat keinen Namen, sie spannt ihre Muskeln im geflüsterten Gespräch, bis auf einmal Funken springen, das Feuer in die Arena bricht, die verhaltenen Worte aus den Studentenkneipen um die *Rue de la Harpe* zu brüllenden Parolen werden. Der Mörder bildet sich ein, er hätte damit nichts zu tun, Er mißt die Länge seiner Küsse an den Sätzen mozartscher Symphonien. Lippen verkrallen sich ineinander, bis dieses Allegro oder jenes Andante zu Ende geht. Eine Pflichtarbeit, er erlaubt keinen Rückzug, was wissen die Mädchen, die schnappen nach Luft, der Poet beschränkt sich auf ihre Münder, zum Tiefertauchen fehlt ihm der Mut. Er hat sich ja selbst noch nicht ausgelotet. Vor seinem Fenster marschiert die Jugend. Es ist Mai. Er liest Oscar Wilde, liest als einziger Mensch dieser Riesenstadt in dieser Stunde diesen Dichter. Es ist Mai. Die Studenten marschieren. Sie verfallen ahnungslos ins militärische Pathos, das sie zu hassen behaupten, sie zertrampeln die Wege im Park, *à bas de Gaulle, à bas les chefs, à bas les vieux!* rufen sie. Der Mörder versteinert; wie kann er vergessen, daß auch er *à bas les vieux* gerufen hat? Er hat es nicht nur gerufen, er hat... Die Schreie trommeln von allen Seiten auf den Schuldigen ein. Er legt eine Schallplatte auf, seine Hände zittern, die Furcht der Praxis vor der Theorie, sein Mund ist trocken, er verkriecht sich in Schuberts *Winterreise*, aber merkt bald, er bleibt am Ort, es ist Mai, er klebt in seinem dunklen Zimmer fest, die

Chöre draußen übertönen den Sologesang. Jetzt geht er aufs Äußerste, er verläßt das Haus, er mischt sich unter die Tobenden. Sie erkennen ihn nicht, er ist nicht einmal Sand im Getriebe. Er starrt sie aus großen Augen an, die schmalen Rebellen, die olivenhäutigen Gleichaltrigen, die so anders sind als er. Ihre Geschmeidigkeit ohrfeigt ihn, den unbeweglichen Sohn seiner Herkunft. Doch auch er hat seinen Triumph; der Maiennachtzorn dieser Knaben und Mädchen bestimmt sie zum neuen Mitläufertum, sie wissen es nicht, glauben sich einmalig, spielen mit dem Begriff der Historie, Mitleid gebührt der knetbaren Masse, der wellenschlagende Monat Mai wird sehr bald an seiner Flaute zugrunde gehen. Der Mörder liebt diese um sich schlagende Jugend, sie kümmert ihn nicht, er ist plötzlich uralt, ein Voyeur wie seine Gönner, er begeilt sich an ihrer flackernd rubinroten Haut im Widerschein brennender Wagen entlang der *Rue Gay-Lussac*. Zu Abend speist er bei einem Chinesen im Gassenwerk um das Odéon. Das namenlose Lokal steckt in einem Hinterhof zwischen Kindergeschrei und brüchiger Wäsche an Trockenschnüren von Haus zu Haus. Hier sitzen immer dieselben Gäste, kaum weiß der Fremde, wie er in ihren Kreis geraten ist. Er trinkt zuviel und ist unversehens wieder einmal der letzte Kunde. Als er endlich den Hof durchschreitet, streckt eine Frau ihre Krakenarme aus einer ebenerdigen Tür und faßt den Wankenden, zieht ihn zu sich, an ihre Brüste, will keine Worte, keine Parolen, viens mon chéri! Er schließt die Augen und durchzuckt die Premièrennacht in blindester Lust. Das also ist das große Geheimnis, will er träumen, doch sie rüttelt ihn wach, mach schnell, mach's noch einmal, jeden Augenblick kommt mein Mann nach Haus. Die gierige Nackte wirft ihre Beute zurück auf den Hinterhof. Eine Tür fällt ins Schloß, er wüßte nicht, welche. Gewichtlos geht er hinaus auf die Straßen, um den Jardin de Luxembourg heulen Polizeisirenen. Die Geisterstunde ist längst vorüber, die Wracks ausgebrannter Autos werden im Morgengrauen zu kühnen Brancusis, zu Manzús verhungerten Bischöfen, zum Museum der Kunst von morgen. Der zum Mann Geschlagene trinkt sanften Ruinenfrieden in sich hinein, aber noch sticht der Brandgeruch seine Lungen, er wird zum heiter befriedigten Zeugen einer schlafenden Revolution. Er wird ein Taxi anhalten und sich zum *Pied de cochon* fahren lassen. Er schaut auf die Uhr, es ist kaum fünf, er denkt, der Mann jener ausgehungerten Frau muß wohl Schicht arbeiten, er beginnt zu lachen: Ein Unterdrückter, auch für ihn rebellieren die Studenten! Im *Pied de cochon* will er Austern schlürfen und ein Steak au poivre verschlingen. Er kennt nicht den Namen der fremden Frau. Er wird eine Flasche Muscadet-sur-lie in sich hineinschütten, oder vielleicht Sancerre, er wird frühstücken, wie es nur einem Zuhälter zusteht. Die Speisen sind eine Offenbarung, aber auch im *Pied de cochon* hängen Kalender, es ist unübersehbar Mai überall, am Nachbartisch streiten Typen mit langen Haaren und blitzenden Augen. Der Wortwind weht scharf in diesen Wochen, ihre spitzen Finger durchschneiden die Luft, eine Guillotine ist das nicht, der Kaffee scheint alt und aufgewärmt.

Der Student ist müde, er schmiegt sich allein ins enge Bett. Im *Parc Montsouris*, keine hundert Schritte von seinem Halbschlaf entfernt, spielen die Kinder. Die Erwachsenen halten sich abseits, wählen den billigsten Platz im Theater, zum Zerreißen gespannt ist der Bogen aus Glück. Nicht dazugehören, nur ja keine Wurzeln treiben, um jeden Preis immer ein Fremder sein. Il fait si bon, ruft ein blonder Junge. Der Verschwender lernt haushalten, lernt verstehen, daß es unter allen Spaziergängen *den* Spaziergang, unter allen Gesichtern *das* Gesicht, unter allen Erlebnissen *das* Erlebnis gibt. Er hat die Vergangenheit gründlich vergessen, doch auch an die Zukunft glaubt er nicht. Er wehrt sich mit Händen und Füßen gegen den Anspruch einer noch so geringen Gegenwart. Was bleibt ihm übrig, als zu schlafen und von seinem Abschied zu träumen, der ihm gründlich mißlingt.

Eine Marmorplatte, hochglanzpoliert, die eine versteinerte Schnecke enthält. Jahrmillionen als hübsches Zierat. Die kreisende Form des Fossils wendet sich einwärts, sei die Form eines Hauses. Sieben Zimmer, jedes ein Haus im Hause, enthalte das Knochenmark einer denkbaren Existenz. Sieben Zimmer als sieben Häuser als ein Haus als eine versteinerte Schnecke; Mathematik auch im Wahnsinn. Die Zimmer wären durch Türen verbunden, die nur ein einziges Mal durchschritten und versperrt werden könnten. Wer so ein Tor hinter sich abschließt, bekommt es nie wieder auf. Die Logik des Spielzeugs. Ein Wohnen in diesem Hause sei somit nur in fortschreitender Richtung möglich, eine Rückkehr verbiete sich. Ein Haus wie das Leben, es müsse gar nicht erst gebaut werden, es sei praktisch und doch absurd, von Grausamkeit gebe es nicht die geringste Spur. Endlich in eine Richtung leben! In die Mauern der ersten Zimmer sollten noch Fenster gebrochen werden, um dem Tageslicht Einlaß zu gestatten, um die Nacht nicht auszuschließen. So täuschten die Zimmer des Anfangs noch

Welt vor. Aber das Glas der Fensterscheiben müsse von Raum zu Raum dunkler getönt werden. Alles Vorbereitung! Seien diese freundlichen Zimmer erst abgewohnt, verlagere sich die Existenz des Hausbewohners in die Innenräume. Hier sei alles elektrisch erleuchtet, die Ausstattung kalt, es gebe keine Illusionen mehr. Das letzte Zimmer müsse Mittelpunkt des Hauses und Endpunkt der Reise werden. Überall herrsche Schweigen. Der Bewohner sollte freilich bereits im ersten Zimmer erkennen, daß jedes Wort und jede Geste fortan am Luftwiderstand zerbrechen werden. Wer solcherart von Zimmer zu Zimmer vordringe, würde trotz der Langeweile eines illusorischen Vorwärtsschreitens von Schwindel erfaßt werden, als lebe er rasend schnell. Aber wer taumelnd das letzte Zimmer erreiche, der hätte nichts gewonnen. Das Zimmer werde dem Wunschdenken nach einer Ankunft den Boden unter den schwächlichen Schritten wegziehen. Obwohl der Bewohner eines solchen Hauses wisse, daß der letzte Raum kein besonderer sei, werde dieser Mensch, verwirrt von der sprachlosen, weltlosen Reise, seine Gewißheit im entscheidenden Augenblick vergessen haben. Wo er nichts erwarten dürfe, erwarte er das Wunder.

Der *Parc Montsouris* ist bald ausgeschritten, nirgends entkommt der Spaziergänger der umgebenden Stadt. Der Mörder notiert in sein Tagebuch: Warum wir unseren Städten, den größten und den berühmtesten, so große Bedeutung zumessen? Es wird sehr schnell Gras über sie wachsen, auch Paris ist verschwindend klein und wird von der Natur bloß geduldet. – Aber das ist Zynismus, daran glaubt er selber nicht. Er fühlt sich wohl in den Städten, er ist stolz auf seine zerschnittene Nabelschnur, deren blutige Spuren ihn umgeben als blasser Heiligenschein. Er flieht ins Theater, flieht in Konzerte, flieht in Gesellschaft, saugt sich voll mit scheinbarem Leben und merkt nicht, wie weich er verblutet.

Schon ist es dunkel. Er haßt seinen überlangen Schlaf, die verlorenen Tage. Er kennt die Menschen nur im elektrischen Licht, das ihre Gesichter verzerrt, ihre Eigentlichkeit mit irreführenden Farben bemalt, den Verstörten zu größeren Schmerzen führt.

Sie überklettern die Mauer an einem seit Tagen vorausbestimmten Punkt. Niemand darf sie des plötzlichen Unfugs schelten. Meistens ist sie zu hoch und zu glatt, oder es gibt zu viel Licht, Menschen, Verkehr. Das Unternehmen ist Wahnsinn, ein Wagnis, das nur die Liebe diktiert. Der Hohepriester der kleinen Gruppe ist in sportlichen Leistungen ungeübt, kaum schafft er die kühne Übersteigung, die Knaben helfen ihm. Sie müssen sich beeilen, wer sie entdeckte, würde bestimmt die Polizei alarmieren. Serge trägt auch jetzt, im frühen Winter, seine weißen Leinenhosen. Sie leuchten wie ein Signal. Raphael, der Jüngste der drei, schwingt sich spielerisch hoch. Seine Tennisschuhe finden Halt in der kleinsten Rauheit der Mauer. Er ist vierzehn, er wiegt nicht viel, deshalb trägt er den braunen Sack mit der Flasche, dem Kelch, den Kerzen. Serge ist rührend um den Liebenden besorgt. Er schiebt ihn, er redet ihm schmeichelnd zu, erteilt lauter hilfreiche Ratschläge, setz deinen Fuß auf diese Kante, auf jenen Vorsprung im Ziegelwerk! Kein Auto stört ihre Unternehmung, kein Fußgänger ist in dem ärmlichen Viertel noch auf. Endlich ist das Ärgste geschafft, der Hohepriester keucht atemsuchend, die Knaben unterdrücken ein Lachen, doch sie schmiegen sich zärtlich an ihn. Sie wissen, was sie ihm schuldig sind, wie auch er um den Preis dieser Huldigung weiß. Dreihundert Francs an jeden der zwei. Das ist viel Geld, das Studentenheimzimmer kostet nur einhundertsechzig im Monat, aber die Liebe stellt hohe Forderungen. Es ist gut, daß schon heute der Scheck für den kommenden Monat im Postfach lag. Man wird wieder Schulden machen müssen, et alors, das kümmert den Liebenden nicht. Eine unheilige Überlegung. Der Hohepriester hat Serge noch im Claridge entdeckt. Der Page trug auch damals die weißen Hosen, das Verstehen klappte auf den ersten Blick. Sie nahmen ein Zimmer im Hôtel Friedland, der Sohn seiner Herkunft liebte den Namen, aber Serge ließ sich nicht berühren, und auch der Verführer schlief endlich ein, zwei keusche Kinder im französischen Bett. Erst viel später trat Serge auf den Älteren zu, errötend fragend, gefalle ich dir? Raphael ist der Sohn eines reichen Mannes, der den Jungen nicht sehen will, aber gern für ihn zahlt. So lebt der schöne und verweichlichte Knabe bei seinen Verwandten, einmal hier, einmal dort, und der Hohepriester schenkt ihm die nötige Liebe. Die zwei Jungen folgen dem Älteren in die Dunkelheit des *Père Lachaise*. Fast stolpern sie über die Gräber, so dunkel ist die Novembernacht. Sie halten inne und horchen, ob da jemand ist. Aber der Liebende kennt sich im Lande der Toten aus. Er beherrscht die Topographie dieses Friedhofs, er könnte mit verbundenen Augen die entlegensten Poetengräber finden, er kommt ja fast täglich auf diesen lieblichen Flecken herbeigeweht. Die Krematoriumsarbeiter sind seine Freude, er sitzt gern mit ihnen vor ihren Öfen, reinigt die Raster, sammelt die Knöchelchen, bringt ihnen Brötchen und Wein aus der Stadt. Einer der

Männer, erzählt er den Knaben, hält seinen Wein im Kühlfach frisch, dort steht dann die Flasche an einen Sarg gelehnt, und lachend holt sie der Kerl heraus und setzt sie genußvoll an seinen Mund. An die zwanzig Leichen am Tag, nicht viel für eine Stadt wie Paris, aber noch immer ziehen die meisten Menschen die Würmer den Flammen vor, wenn diesen herkömmlich Bestatteten auch manchmal noch wochenlang die Fingernägel und die Haare wüchsen, wie unser armer Freund hier bewiesen hat. Er deutet auf den grauen Schatten vor ihnen, sie haben das Grab Oscar Wildes erreicht. Heute vor achtundsechzig Jahren, flüstert der Liebende, ist dieser große und liebe Mensch verstorben. Ihn zu feiern, seiner in gebührender Achtung zu gedenken, sind wir hier.

Dem steinernen Engel fehlt das Geschlecht, irgendein Schwein hat es abgeschlagen, der Bildhauer läßt seinen Ikarus fliegen, aber sperrt ihn zugleich in den rauhen und häßlichen Quader. Zu Marmor hat es nicht gereicht, der Flug ist traurig gebremst und entmannt. Rund um das zwergische Mausoleum überkreuzen sich die geschmacklosen Kritzeleien närrischer Pärchen, deren bürgerliche Graffiti die Dekadenz des toten Dichters beleidigen. Es ist eine gute Nacht, nicht zu kalt, kaum weht Wind, und eine ferne Glocke schlägt auch schon zwölf. So pünktlich ist der Hohepriester im täglichen Leben nie. Er entzündet die Kerzen, er fürchtet sich nicht, er handelt ja im reinen Bewußtsein, das Richtige zu tun. Die Messe wurde erprobt, sie will dem mißhandelten Dichter ein wenig Leben schenken, es bedarf keiner Worte, Serge und Raphael entkleiden sich jetzt. Der Liebende läßt seine Augen erregt vom einen zum anderen wandern, mon dieu, noch nie hat er die zwei zusammen nackt gese-

hen, wie herrlich sie einander ergänzen! Aber er preßt die
Lider zusammen, schließt sich vom lieblichen Anblick
aus, leiht seine Augen Oscar Wilde. Die Kerzen flackern,
ihr Licht streichelt verhalten und frech die schlanken
Körper. Wie gierig der tote Dichter nach diesen Geschöp-
fen sein muß! Der Liebende küßt seine Akolythen. Er
überläßt seinen saugenden Mund Oscar Wilde. Die Knaben beginnen ihr rhythmisches Spiel, der Priester ent-
nimmt dem braunen Papiersack jetzt den Kelch und den
Dom Pérignon. Er windet den Korken, bis dieser im kühnen Bogen in die Dunkelheit fällt. Die Flasche schäumt
über, heftig atmen die Knaben, der Liebende füllt den
Kelch. Er blickt auf die erschlaffenden Schönen und
nimmt den ersten Schluck. Dann macht der Kelch die
Runde. Es würde die drei bestimmt nicht verwundern,
wenn jetzt Oscar Wilde aus dem Gebüsch zu ihnen träte,
aber der Dichter *ist* bei ihnen. Den Rest der Flasche leert
der Hohepriester im langsamen Strahl über den gefessel-
ten Engel. Der Champagner wäscht prickelnd die weißen
Spuren vom grauen Stein in die Erde, der Liebende
spricht mit langsamer Stimme die Ballade von Reading
Gaol. Er schaut auf die Knaben, die, von Gänsehaut
übergossen, jetzt von einem Fuß zum anderen tänzeln.
…And outcasts always mourn… Er wird Serge und
Raphael kaum bezahlen können, wieviel weniger darf er
hoffen, sie jemals ganz zu besitzen. Er bräuchte Trost,
will dem Dichter Wilde in den Armen liegen, aber stößt
nur gegen einen blattlosen Baum. Es ist merklich kälter
geworden, fast friert sogar den Bekleideten, doch die
Knaben sind tapfer und sagen kein Wort.

Löscht die Kerzen, zieht euch an, befiehlt er ihnen,
kniet dann nieder und küßt mit feuchten Lippen Oscars

Namen im Stein. Es ist dunkel, kein Stern steht am Himmel. Der Liebende weiß, daß er solche Messen nicht wiederholen darf. Ein abtrünniger Priester verläßt seinen Tempel, sie kehren ungesehen in die Straßen der Menschen zurück und beenden die Nacht in einem gut geheizten Bistro, wo Serge und der kleine Raphael verdächtig hüsteln, als hätten sie sich bei dem erhabenen Akt einen Schnupfen geholt.

V

Amerika! Er hat sich ein Vierteljahrhundert lang gesträubt, hat jede Möglichkeit und jede Ermutigung, dahin zu gelangen, mit Gleichgültigkeit und Langeweile,
mit Hochmut und Spott zurückgewiesen. Ein Virtuose
seines Starrsinns. Ohne sich dessen bewußt zu sein, hat er
sich verteidigt wie einer, der um die Gefahr weiß, um das
Verderben, das ein Wort umreißen und mit sich führen
kann: Amerika... Seine einsame Mutter, die treu ihre
Gräber pflegt, beredet unermüdlich den schwierigen
Sohn, ein junger Mensch müsse die *Neue Welt* kennenlernen. Sie will, daß er nachholt, was sie versäumte, die
Zögernde und ihr Maler. Immer wieder raunt die Mutter
von der *Neuen Welt*, ohne sie beim Namen zu nennen,
betont verlegen, es wäre ihr nur um die Bildung ihres
Sohnes zu tun. Ich will stolz sein dürfen auf mein einziges
Kind, lockt sie, ich bezahle dir auch den Flug, wenn du
nur ja sagst, sei nicht so starrsinnig! Italien, Frankreich,
überhaupt Europa, das kennst du doch zur Genüge,
schau dir die *Neue Welt* an, und der Hartnäckige erwidert unbeirrbar, niemals, lieber fahre ich zum hundert-
sten Mal nach Capri, zum zweihundertsten Mal nach
Venedig, zum dreihundertsten Mal in mein Paris. Er läßt
es nicht beim Reden bewenden, reist tatsächlich wie ein
von Gespenstern Gehetzter, immer an die vertrauten
Ziele, wo er sich längst zu Hause wähnt, seiner Wege wie
seiner Verweigerung sicher, bis die Unerwartete kommt
und seine Stärke über den Haufen wirft.

In einem Hotel in Griechenland schlafen sie erstmals

miteinander. Die Nacht klirrt von Zikadengeschrei, was machst du, fragt atemlos das amerikanische Mädchen, ich dringe ein in dich, seufzt der Verliebte. Sie wiederholen das atembenehmende Spiel, eine weiße Taube fliegt an das Fenster des *Royal Olympic*, schaut ihnen girrend zu bei dem Akt, der dem Liebhaber weltbewegend und dem Mädchen alltäglich ist. Eine Ferienleidenschaft, sie reden von Liebe, sie schleppen ihren Irrtum durch halb Europa und bauen Erinnerungen, auf denen sich später schlecht bauen lassen wird. Den Mörder, der sich übermütig im Zustand der alles verzeihenden Gnade glaubt, zieht es an den Ort seines Verbrechens zurück, er redet in übertriebenen Worten von den *weltbekannten Festspielen*, von der Schönheit des äußeren Rahmens, er geht seiner Kindheitsstadt auf den Leim. Sie mieten eine möblierte Wohnung, sie wollen Gäste empfangen, das Mädchen will kochen, es läßt sich alles sehr bürgerlich an. Abends gehen sie ins Konzert, an warmen Tagen baden sie in den stadtnahen Seen, die, wie jedermann weiß, Überreste der Eiszeit sind. Aber meistens liegen die zwei im verschwitzten Bett, ihre Begierde ist gegenseitig, fast um eine Spur zu demokratisch, wie kann ein Mensch so gründlich vergessen, wen er gestern geliebt hat und wohin er gehört. Er ist ein Verräter, und seine billige Lust wird sich rächen wollen, wird in ihm wachsen und tödlich werden, es ist die Rache Oscar Wildes, der das geschmacklose Liebesspiel zwischen einer amerikanischen Touristin und einem *habitué* des Père Lachaise nicht duldet. An einem heißen Augustnachmittag fährt der Blitz in ihn, er wirft die Lauwarme aufs Bett und nimmt sie, nimmt sie so oft, bis bei ihr das Vergnügen aufhört, er aber, lustlos seit dem Beginn, bleibt hart und erdolcht sie mit seinen Stößen. Laß mich, fleht sie, ruft sie, weint sie endlich, sie verdreht die Augen, und der Mörder sieht nur das Weiße darin. Er ist nicht brutal, aber unerbittlich, Europa erteilt hier der *Neuen Welt* eine Lektion in Beständigkeit. Dieses Mädchen ist ihm plötzlich kein Mensch, sondern nur noch ein Gegenstand, ein Demonstrationsobjekt. Er darf nicht weich werden, ihr von Schluchzen erschütterter Körper peitscht ihn auf zu neuer Entschlossenheit. Er empfindet nichts, er muß sich anstrengen, bei der Sache zu bleiben und nur zu dauern, was kein Gefühl erlaubt. Als er endlich im inneren Frost erstarrt und zur Seite rollt, befreit sich katzenschnell die Mißbrauchte und läuft ins Badezimmer, wo sie sich einschließt. Er aber versinkt in wohligen Halbschlummer, durch den er fetzenhaft ihr krampfhaftes Heulen hört. Endlich kennt er sich wieder, kehrt er zurück zu sich selber. Nachdem von seiner großen Erschöpfung nur noch ein quälender Hunger übrigbleibt, den zu stillen ihm erste Notwendigkeit ist, erhebt auch er sich und will ins Bad. Er muß lange geschlafen haben, aber noch immer ist die Tür versperrt. Das Schlafzimmer liegt schon im Halbdunkel, und das Verhalten des Mädchens geht dem Ausgeschlossenen jetzt auf die Nerven. Er fordert Einlaß, wird ungeduldig, wirft sich mit der Wucht seines Körpers gegen die Tür. Die Verweinte öffnet ihm wortlos. Sie ist immer noch nackt, er will sie in seine Arme schließen, aber sie entwindet sich, wobei etwas wie Haß aus ihren Augen schießt. Er mißt der Sekunde keine Bedeutung bei, diese Verstimmung wird sich schon geben. Mach dich fertig, wir wollen essen gehen, sagt er, und sie kommt seiner Aufforderung mit großer Eile, die fast an Gehorsam erinnert, schweigsam nach. Auch er schlüpft in den blauen Anzug und in die italienischen Sommerschuhe, ohne zuvor Socken über seine Füße zu streifen. Er liebt das sanftrauhe Leder auf der Haut, er sieht gern den nackten Hautstreifen zwischen Schuhen und Hose. Noch immer wortlos, verlassen sie die Wohnung und gehen in einen nahen Gasthof, der während der Festspielwochen als Treffpunkt der Künstler gilt. Obwohl die beiden nicht reserviert haben, gibt man ihnen einen guten Tisch, von dem aus sie den Saal überblicken können. Ablenkung voneinander, das ist es, was sie brauchen, denn ein Gespräch will absolut nicht aufkommen, auch nach einigen Gläsern Grünen Veltliners nicht. Dieser Abend muß abgeschrieben werden, soviel scheint klar. Während sie in der Nachspeise herumstochern – auch der Hunger hat einer teigigen Lustlosigkeit Platz gemacht –, treten einige Opernsänger in den Saal. Der Europäer fühlt sich in ihrer Gegenwart bald beschwingt und eigentümlich erregt, er flüstert die Namen dieser Künstler seinem Mädchen ins Ohr. Sie kennt keinen einzigen unter ihnen. Die Verständigung klappt nur im Bett, oder hat – um genauer zu sein – bis zu diesem Tag nur im Bett geklappt. Wie dürfte er hoffen, der schmollenden Närrin die Bedeutung dieser Künstler zu erklären? Wo sollte er anfangen? Mit einem Kurs in Musikgeschichte, mit einer Einführung in die westliche Tradition des Sich-Verbeugens vor dem Besonderen? Oder sollte er diese Persönlichkeiten der Einfachheit wegen als glitzernde Großverdiener anbieten, als Lächerlichkeiten, um die Puppe zu erreichen? Er sieht keinen Zugang zu seiner Absicht, und so verhüllt sich der vor den Kopf Gestoßene in umso tieferes Schweigen. Nachts weigert sich die Amerikanerin, mit ihm das einzige Bett zu teilen, sie zieht ihren Polster auf den Boden und schläft angekleidet auf einem Teppich. Am Morgen trägt sie Ringe der Schlaflosigkeit um ihre rehbraunen Augen, packt ihre Kleider und Kosmetikartikel in einen Koffer und erklärt – das sind ihre ersten Worte seit dem gestrigen Nachmittag –, daß sie jetzt mit der Eisenbahn nach München fahren und von dort in die *Neue Welt* zurückfliegen würde. Dem Überraschten bleibt keine Zeit zur Entgegnung, Minuten später befindet der Europäer sich in der gemieteten Wohnung allein.

Erst jetzt ekelt ihn wieder vor dem Ort seines Mordes, die Stadt fällt über ihn her und prügelt ihn. Er läuft von einem Kaffeehaus zum anderen, anstatt seine Freiheit zu genießen, bildet er sich verzweifelt ein, daß er die Amerikanerin liebte. Er schickt Blumen an die Entfernte, kein Telegramm ist ihm zu teuer, er nimmt seinen Mut zusammen und ruft die verloren Geglaubte an. Das Unerhörte geschieht, die Stimme des Mädchens klingt freundlich, fast zärtlich, ihre Worte streicheln ihn. Er ist jetzt soweit, Capri, Venedig, Paris zu vergessen, er will sofort in die *Neue Welt*.

Aber er bleibt natürlich ein Linkshänder, auch wenn er längst mit der Rechten die Welt betrügt. Das Kind wollte mit der Linken schreiben lernen, mit der Hand, die vom Herzen kommt. Vom Herzen aber durfte nichts kommen in seinem Land des goldenen Gemüts. Der zwergische Staat schleuderte seine Macht bis in die Kinderhände. Mit rotem Kopf gebrüllt: In Österreich wird rechts geschrieben, für Ausnahmen haben wir keinen Platz! Der Oberlehrer vertritt dieses Österreich aufs gemeinste und beste. Wer sich nicht biegen will, muß brechen!, spuckt er den Schülern ins Gesicht. Gehorsam ducken sich die am falschen Ort geborenen Kinder. Der Herr Oberlehrer hat recht, du mußt dich den Umständen anpassen, befiehlt auch die Mutter. Umstände werden später einmal den Verbrechern zur fahlen Verteidigung. Man liest davon in den Zeitungen, die schwierigen Umstände einer Kindheit… Aber umsonst ist das Betteln um Nachsicht, die Geschworenen hören nicht hin, die Richter wurden zur Taubheit erzogen, es ist viel zu verlockend, die härteste Strafe auszusprechen. Einen Menschen vernichten. Zitternd verlernt der Bub seine spielerischen Begabungen, er paßt sich an, die Rechte wiegt schwer, sie will nicht schreiben, sie entwindet sich, der Bub ist ein Stümper, seine Schrift wird für immer belastet sein. Die Leute zeigen mit dem Finger auf ihn, schütteln die Köpfe. Bald lebt er so grauenhaft konsequent gegen seine Natur, daß er nur noch Schmerzen verspürt. Kaum ist das Kind vergewaltigt, zerstört, legt der idiotische Staat seine Gemeinheit in die Archive und wird modern. Eine uralte Einsicht von freier Entfaltung des Menschen hat plötzlich den Atlantik durchschwommen und nun auch die Alpenschädel erreicht, aber die Toten stehen nicht wieder aus ihren Gräbern auf. Man wird verlegen ihre Namen nennen, klebrige Silben aus finsterer Zeit. In New York wird ein Ahnungsloser, ein gütiger Herr, den lebenden Toten der uralten Tochter Hugo von Hofmannsthals vorstellen. Diesen jungen Mann mußt du kennenlernen, er schreibt Gedichte, schwärmt der Gönner. Doch Hofmannsthals Tochter ist wenig freundlich, sie fixiert den Gedichteschreiber, gar so jung ist dein Freund aber nicht, entgegnet sie scharf, sie hat alles durchschaut. Nur zögernd reicht sie dem Ertappten ihre fleckige Hand. *Junger Mann*, spottet sie, guten Tag, *junger Mann*…

Der Verschwender hat seine Jugend verspielt, viel kann er nicht vorweisen, insofern paßt er gut zur *Neuen Welt*, dieser unfertige Mensch. Abgebrochen die Brücke zur eigenen Herkunft, eine durchlöcherte Bildung als schäbiges Handgepäck, und die fixe Poetenidee als Hautausschlag im Gesicht. Ihre Akne, zweifellos hartnäckig, meint beiläufig der hundertste Arzt, ein klassisches Beispiel medizinischer Hilflosigkeit vor Lappalien. Ihre Akne sollte sich abmelden, bis Sie zwanzig werden. *Abmelden*, sagt er, als spreche er von einem Schüler im Internat. Allerdings gibt es Fälle, wo dieses Übel auch länger verweilt. Der Arzt sagt *verweilt*, als handle es sich um einen Besucher zum Fünfuhrtee. Eine Hormonfrage, weiter nichts. Trösten Sie sich, strenge Diät, viel Schlaf, Medikamente mildern die Sache. Hefe essen, immer wieder Hefe essen. Mit dreißig Jahren sind Sie den Jammer los. Freilich, sagt der Arzt, gibt es auch Patienten, die ein Leben lang an der Akne leiden. Das wäre dann eine Nervensache, das hätte nichts mit Hormonen zu tun. Trotzdem, ich wette, *Ihre* Akne ist ein ganz gewöhnlicher Unfall der Pubertät. Er rückt die Quarzlampe über dem Liegenden zurecht, schaltet sie ein, ein dünnes Knistern, Ozongeruch füllt den kleinen Raum. Der Arzt geht hinaus, er wendet sich anderen, appetitlicheren Kranken zu. Heiß überschüttet blau blendendes Licht den Knaben, erkennt seine zusammengepreßten Lider als Schranken nicht an. Die Augen schmerzen. Wohin das groteske Gespann auch gehen mag, sogleich bringt die Mutter die unreine Haut ihres Sohnes ins Gespräch. Auch wenn die Menschen gar nicht hinschauen: Mein Bub sieht ja wirklich abscheulich aus, wird sie sagen, man könnte meinen, ein Ungeheuer, aber was soll ich dagegen tun, wir versuchen doch alles, wir waren bei sämtlichen Ärzten der Stadt, die Versicherung zahlt das längst nicht mehr. Verzeihen Sie meinem Sohn seine Akne, er kann nichts dafür, und einsperren kann man den Bub ja auch nicht. Sie meint es gut, die Gedankenlose; der Fünfzehnjährige haßt seine Mutter, er steht längst nicht mehr neben ihr, wie sie annimmt, sondern ist tief in die Erde versunken vor lauter Erniedrigung. Dabei hat er früher einmal die weichste, die schönste Haut gehabt, fügt die Mutter schulterzuckend hinzu, als wollte sie sagen, meine Schuld ist es nicht, wenn der Bub so häßlich wurde, *ich* war immer anständig, *ich* distanziere mich, *ich* wasche meine Hände in Unschuld. Die Quarzlampen, die Salben, die gewürzlosen, fleischlosen, freudlosen Speisen helfen nicht viel, der häßliche Sohn meidet die Menschen und verzehrt sich nach ihnen, er möchte sterben beim Anblick der Schönheit, er würde seine Seele verkaufen gegen ein Inselchen reiner Haut. Stundenlang steht er bei Dunkelheit vor dem *Tomaselli*, vor dem *Aida*, vor dem *Bazar*, er schaut durch die Fenster der Jugend zu, die sich bei einem *kleinen Braunen* oder einem *Einspänner* trifft und verschenkt, aber einzutreten wagt er nicht. Er stellt seine Fallen anderswo auf, nur selten geht ihm ein junger Körper solcherart auf den Leim. Er irrt hinaus auf die Friedhöfe, er sperrt sich gern in sein Zimmer ein, er starrt auf die Straßen, empfindet die Menschen als bunte Insekten. Die falschen Wege des Starrsinns, die Siebenmeilenstiefel seiner Verlorenheit. Die letzte Korrektur steht offen: Großvaters Hinterlassenschaft. Die Behörden halten den Selbstmördersarg fest verschraubt, der Mutter wird ihr Wunsch nach einem letzten Blick nicht gewährt. Aber ich bin doch die Tochter des Toten, empört sie sich. Sie würden nicht getröstet sein, ihn zu sehen. Behalten Sie ihn im Gedächtnis, wie er gelebt hat, es ist besser so, glauben Sie uns.

Man lernt mit sich selber leben. Diese Unabhängigkeit von den Menschen ist sanfte Vorbereitung auf die Nacht. Schon wird es Abend, der Sonnenscheue hungert der Dunkelheit entgegen. Von der Welt sieht er nichts als Dämmerungen, die zwar bezaubern, aber ungesund sind, weil sie traurig stimmen. Er betrinkt sich an der Musik, nur Musiker zählt er zu seinen Freunden. Sie sind keine Augenwesen, sie stoßen sich nicht an verwüsteter Haut. Sie nehmen ihn auf in ihren Kreis. Schon am Morgen sitzt Alexis W. an seinem Flügel, der ihm nachfolgen muß rund um die Welt. Er sitzt in Jeans und schwarzem Pullover und übt. Der Bewunderer schleicht in den Saal. Alexis W. spielt die Goldberg-Variationen zu Ende, bevor er den Störer zur Kenntnis nimmt. Noch sind die Pariser Begegnungen weit, weit ist die letzte Nähe im *Café Voltaire*, sind die wenig geistreichen Worte auf beiden Seiten, ist der verschwiegene, fragende Vorwurf, einander enttäuscht zu haben. Der Star in Berlin, im *Kempinski* natürlich, der Mörder in einem namenlosen *Anglo-Americano* zu Rom. Eine stimmige, häßliche Wahl. Komm, ruft die *Neue Welt*, komm doch endlich … Er wird Alexis verschonen damit. Sie sind beide längst zu Bett gegangen, ins wärmende deutsche, ins feuchte römische Bett, in beiden Zimmern brennt kein Licht mehr, im Dunkeln glüht ihr Gespräch, bis der neue Tag in die Zimmer klettert. Es ist nicht derselbe Tag in Berlin und in Rom. Die Deutlichkeit ihrer Sätze kann nicht dauern, das wissen sie beide. Vous allez me peindre en prose, schmeichelt Alexis W. Das Gespräch hat stattgefunden, es war kein Traum, wenn es nur einer wäre, denn die Wirklichkeit zerbricht alle Konturen einer geistgewesenen, geistgebliebenen Liebe, ein lautes Klirren, ein Riß, warum nicht im *Café Voltaire*?

So wird Europa dem frechen Verschwender auf doppelte Weise zu eng. In der *Neuen Welt* wartet ein Opfer, oder ist es ein Opfergang?, aber die alte Domäne will den linkischen Rechtshänder nicht ziehen lassen. Gleich bei ihrer ersten Begegnung, vor aller Augen, küßt Barbara seine ihr ewig fremden Männerpfoten. Der Kuß dieser Fremden liegt als schweres Geröll in der Landschaft seines Erinnerns. Ihre einzige Nacht beginnt spät und gewöhnlich, sie verläuft so gehetzt, daß sein Versagen ihn kaum berühren sollte. Der Mörder, der Spieler, der Verschwender, der geile Versager: Das Aktenblatt seiner Eigenschaften verlängert sich rasch ins Unerhörte. Erst im Flugzeug, hoch über den trennenden Wolken, findet er ängstliche Muße zur Trauer. Er glaubt zu wissen, daß Barbara eigentlich gar nicht so schön war. Um so brennender schmerzt das Versagen jetzt doch. Die Hostessen sind willig und liebenswert. Er ruft sie wieder und wieder zu sich, er bestellt Campari, dann Dubonnet, dann Wein, dann Champagner, dann Courvoisier. Bei jedem Abflug nüchtern vor Schmerz, bei der Ankunft betrunken vor Freude. Ein neues Land; eine Illusion, die immerhin eine Weile dauert. Sollte Vergessen möglich sein? Er zwingt sich unter äußerster Anstrengung, diese Frage nicht zu stellen. Er verteidigt sein Recht, das fast zum Verbrechen geworden scheint: Sein griechisches, römisches, florentinisches Recht, über den Menschen zu sprechen. Der Luxus, Mittelpunkt der Schöpfung zu sein, wenn auch nur *faute de mieux*. Flugreisen wecken Erinnerungen,

Mademoiselle, encore du champagne, und sie lächelt, aber blickt ihn nicht an, wie beim Liebesakt. Der Kapitän warnt vor möglichen Turbulenzen. Da lacht der Reisende laut, die Turbulenzen sind längst schon sein tägliches Brot. Die Fluggäste der umgebenden Reihen beobachten mißbilligend diesen Halbverrückten. Aber auch er legt sich den Sicherheitsgürtel um, wie die Lautsprecherstimme es fordert. Er wird sehen, ob diese Maßnahme ihn auch vor den inneren Turbulenzen bewahrt. Er schaut auf die Wolkendecke hinunter, da reißt sie auf und zeigt schimmerndes Wasser. Wir sind also schon über Frankreich hinaus, denkt er müde. Das wird der Kanal sein, oder gar die Irische See, aber der Gürtel beschützt einen nicht. Die Turbulenzen sind unausweichlich. Dieses Flugzeug hat der Flüchtling in der letzten Minute noch erreicht, seine Anwesenheit ist Beweis dafür, aber die Nacht hat er nicht bestanden. Er denkt an das Einzelzimmer, an das enge Bett, wie ein besserer Sarg, und an Barbara, die in diesem Zimmer zurückblieb. Ein flüchtiger Kuß ohne Notwendigkeit, die Taxifahrt, der Abflug pünktlich um zehn. Jetzt hat der Versager acht Stunden Zeit, wird er die Weite mit Rückgriff oder mit Vorschau bewältigen? Als hätte er eine Wahl.

Mit *Air France* speist man wirklich am besten; eine zweifelhafte Befriedigung. Barbara, die ihm die Hände küßte. Das zwergische Zimmer sollte die Nacktheit des Mädchens zu noch größerer Blöße steigern. Da tanzten sie noch im *Le Furstemberg*. Er würde den vollendeten Körper im sargengen Bett besitzen. Der Bettrahmen sollte knarren, wenn Barbara seufzte. Sie sträubte sich nicht, auch ihr lag daran, die kurzatmig gewordene

Nacht zur banalen Sekunde zu peitschen. Es war fast schon hell, als die beiden ungleichen Menschen durch die Gassen der Rive gauche zu seinem Hotelzimmer streunten. Ihr Atem dampfte in der Morgenluft. Der Verführer wußte nicht, ob aus solcher Flüchtigkeit die Härte entstehen konnte, die zur Zärtlichkeit notwendig ist. Seiner Sache nicht sicher, war er nur in die Absicht verrannt. Jetzt ist die Wolkendecke wieder verwachsen, wie auf dem festen Boden der Welt nichts geschlossen sein kann. Auch Barbara war voller Risse. Er schämte sich. Warum an der Reinheit von Menschen zweifeln, die außerhalb ihrer Liebesnächte, die immer auch hilflose Nächte sind, nichts erleben und somit nichts falsch machen können, als ihre kleine Zeit zu vergeuden? Seine Ungeduld stand ihm im Wege. Er streckte die Sinne nach Barbaras Körper aus. Besser leichtsinnig als berechnend sein, wie wir alle es sind, die wir das Gefühl vor die Wildheit schieben und die wir trotzdem den Menschen zum billigen Spielzeug zwingen. Barbara stöhnte. Und doch ist es schön, dachte er, Spielzeug zu finden auf unserem Planeten, der von Toten überfließt. Tote, die uns verfolgen und die wir verfolgen in einer ewigen wilden Jagd, die weder göttlich noch menschlich sein kann, sondern bloß abgegriffen, gut geölt. Er dachte an seinen armen Onkel, an den ungesühnten Mord. Da lag Barbara nackt vor ihm. So eng war das Bett, daß der weiße Körper es erfüllte bis an den Rand. Keiner konnte neben Barbara liegen, nur über Barbara war Platz. Die Geilheit der Nacht schien nun keinen Groschen wert. Der Verführer sah bloß noch die innere Uhr: Du darfst deine Flucht nicht versäumen! Er konnte jetzt nicht, verschwand vor sich selber, beschränkte sich feige auf den Rückzug des Streichelns.

Deine samtenen Finger, flüsterte das Mädchen, aber das war bestimmt eine Lüge. Er haßte die Lüge und damit das Mädchen. Seine Hand sank in Barbara ein; sie war enger als die Musik. Er wollte ihr weh tun, wollte als Mann in sie eintreten, aber merkte, daß er kein Mann war. Da drängte sich Barbara hungrig an ihn. Er jedoch fühlte sich plötzlich müde, er vermeinte zu sterben vor Müdigkeit. Barbara bettelte, bitte komm. Er hörte sich sagen, schlaf jetzt endlich. Da blickte sie ihn mit metallenen Augen verächtlich an. Diesen Blick zu erwidern stand ihm nicht zu. Was wollte er mit seinem Augenzwinkern, mit seinem nervösen Tic? Er rächte sich in seinem Unvermögen. Das Versagen wurde Absicht und Ziel. Fragmentarischer Schlaf im steigenden Licht. Unberührt vom traurigen Zusammensein packte der Flüchtling den Koffer, küßte gleichgültig-pathetisch die Schlafende auf die Stirn, verließ das Zimmer, bezahlte die Rechnung, auf in die *Neue Welt*! Er sitzt im Jumbo Jet und flirtet mit seiner Impotenz. Der Mensch ohne Rückgrat ist ein Weltbürger. Er wird keine Anker werfen, die Stürme fürchtet er nicht. Die Zukunft des Spielers ist ungewiß. Er schlummert über den breiten Atlantik, er träumt.

Jetzt darf auch die Mutter, die treu ihre Gräber pflegt, stolz sein auf den einzigen Sohn. Ein Versager – was heißt das schon? Er tritt in ein Haus, wo ihn niemand haben will, er redet sich eine Liebe ein, an die er selber nicht glaubt. Er wird das Bildnis seiner Mutter suchen, in allen Museen der spröden Entsagung, er wird durch tausend Hoffnungen jagen, und wer nicht findet, der wäre gerettet.

VI

Eine Geschichte so gründlich erzählen, daß sie eine neue Geschichte bewirkt. Warum nicht hier am unwahrscheinlichsten Ort, unter den unwahrscheinlichsten Umständen, in Palm Springs inmitten der Wüste. Eine Millionärin hat dem Leichtsinnigen ihre Villa zur Verfügung gestellt, sie möchte darin nicht länger wohnen, seit ihr Mann just in diesem Hause verstorben ist. Palm Springs, meint Agnes, die Millionärin, das war *unser* Ort, ich habe allein dort nichts mehr verloren. Keine Nacht möchte ich dort verbringen, seit mein Mann mich verlassen hat. Der Besitz wird verkauft werden, es ist beschlossene Sache, aber zuvor wird die Millionärin zu ihrer Tochter nach England reisen, weil das arme Kind, gerade in der dritten Scheidung begriffen, den Beistand der Mutter braucht. Was die Villa angeht, da herrscht keine Eile. Das erledigt im günstigsten Augenblick eine vertrauenswürdige Agentur. Der Leichtsinnige darf das Haus so lange bewohnen, wie ihm der Sinn danach steht. Wenigstens ist der Besitz dann bewacht, mein Agnes. Es gibt dreizehn Zimmer, da fällt es nicht schwer, um den Sterberaum einen Bogen zu machen, falls jemand abergläubisch wäre. Man vergißt den Toten recht bald, an Gespenster glaubt man nicht, das Haus steht am Rande der Wüste, im sogenannten paradiesischen Süden, wo es keine Geister gibt. Hier gibt es nur Sonne und bei Nacht die Milchstraße. Es gibt auch den Wind, der in den lustzerrissenen Schlaf hineinheult. Eine hohe Mauer schützt vor dem Treibsand der Wüste, von draußen sieht keiner,

68

was im Garten geschieht. Es ist Winter und wundervoll warm. Der Leichtsinnige ist nicht allein in der Villa, er hat eine Familie, die er kaum kennt und doch schon die seine nennt, gleich mitgebracht. Er tischt der Welt und sich selber eine neue Geschichte auf. Verrücktheiten, wie nur er sie beherrscht, und so berückend pathetisch gelebt, daß es ihm später schwerfallen wird, an die Wahrheit seiner Wahrheit zu glauben. Wie wäre es möglich, daß ein junger Mann, mittellos und ohne Mittelpunkt, ein Fremder im Land, in einer Bostoner Flughafenbar diese Millionärin trifft, Agnes aus dem lockenden Westen, die ihm nach dem dritten Drink ihre Villa anträgt, und ihren Lincoln Continental dazu, ohne Hintergedanken, er müsse nichts Dummes denken, habe sie doch einen Sohn seines Alters, also: Villa und Wagen, falls er Lust haben sollte. Übrigens: sie sei nicht betrunken. Und: Anruf genügt. Er hört kaum hin und verwirft ihre Sätze, Bargeschwätz, aber die Anschrift notiert er doch.

Das Ding, das ihn ins Land gelockt, hat einen Bruder, und der hat natürlich eine Freundin, die wiederum eine Schwester hat. Diese wird mit sechzehn schwanger und mit siebzehn von einem Knaben entbunden, mit dem sie, der Vater eine längst verschollene Kneipenbekanntschaft, ärmlich bei Mutter und Schwester lebt. Der Leichtsinnige betritt das enge Neu-England-Haus, es ist ein abgekartetes Spiel, der Boden knarrt unter seinen Schritten, die junge Mutter ist schön, so viele Eigenschaften schleppt er mit sich: Verschwender, Mörder, Versager, Verführer. Er muß dieses Mädchen mit dem sinnlichen Know-how um den Mund besitzen, er hört den schreienden Säugling und verlangt jetzt, nach so viel Tod, nach dem Leben. Er wird neu beginnen, seit jeher wollte er das, wollte neuen Anfang setzen, als wäre schon etwas zu Ende gegangen. Immer um ein Kapitel voraus, ohne Fundament auf dem Abgrund bauend. Das Unmögliche fordert er, drängt darauf ungestüm, bis er Scherben in Händen hält. Schon die erste Nacht, im Mädchenbett im Mädchenzimmer im Hause der Mutter, läßt ihn das andere Ding vergessen. Er hat sich eingeschlichen, ganz opernhaft, der Säugling schläft tief und stört die Liebenden nicht. So jung ist die Mutter, zum erstenmal erfährt er das Wort in einem neuen, ihn verwirrenden Sinn. Weit entfernt von der Düsternis seines Ursprungs lernt der Verführer das Leben, übt er sich in neuer Sprache, hält er inne und staunt und kann es nicht glauben. Er preßt der Geliebten seine Hand auf den Mund, nicht jeder im Haus soll geweckt werden von ihrer Lust. Es genügt, daß er selber wach bleibt. Hellwach, zum Zerspringen wach. Genießt sie es wirklich, oder spielt sie ihm etwas vor? Nie hat er an sein Talent glauben können, anderen Körpern Ekstase zu schenken. Um die eigene geht es ihm nicht. Er beginnt mit dieser zweiten Geliebten eine Tradition genauesten Hinhorchens auf fremde Seufzer. Tiefer sinkt er in seinen Verrat. Er muß lieben, was seine Berührung duldet, auch das ist ein Fluch, denn er soll noch erfahren, wer alles sich berühren läßt. Ihm erscheint immer noch weltbewegend, was anderen Menschen ein Zeitvertreib ist. Er fühlt dunkel, wohin das noch führen wird. Es führt ihn und das Mädchen und ihr Baby in Agnes' Villa inmitten der Wüste. Hier gab es nur Sonne und Sterne und Wind, aber jetzt gibt es ein lächerliches Paar, einen Säugling, zu oft nur als Last empfunden, wildes Einswerden wieder und wieder, eine Geschichte und überall Lüge. Es ist Winter und wundervoll warm.

Sie wiederholen sich, insofern sind sie Teil der Natur. Zwei Kinder verlassen das Schlafzimmer erst, als es dunkel wird. Sie versäumen die Landschaft ihres Traumes. An den Abenden schwimmen sie im Pool, bringen das weiche Wasser zum Kochen mit ihrer Leidenschaft. Beide kommen sie aus der Kälte hierher, wo die Begriffe nicht länger stimmen, wer dürfte ihnen den ersten Übermut übelnehmen? Sie entdecken einen Weinkeller. Ihren achtzehnten Geburtstag feiert die Mutter betrunken in seinen Armen. Sie suchen besessen nach einem Christbaum, eine echte Tanne muß her. Der Baum wird gefunden, gekauft und geschmückt, und doch verbringen sie den Heiligen Abend zwischen Kakteen im Garten. Sie betreten das neue Jahr paradiesisch nackt, nur der Säugling trägt seine Windel. Weil sie ohne Ordnung leben, weil nur das Kind noch an die Zeit erinnert, treiben sie ab. Es wird alles so klar in ihren Köpfen, zu überlegen gibt es da nichts. Er geht ans Telefon und verlangt Verbindungen mit Europa. Überall erzählt er das Wunder: Ich habe geheiratet, ich habe mein Kind gefunden, ich habe euch nie davon erzählt, aber ich habe das Kind in Paris gemacht. Meine Frau war meine Pariser Geliebte, man kennt das, diese Amerikaner sind überall. Und er spürt es übers Telefon: Er hat überzeugt, die Leute glauben ihm. Aus dem Verschwender und Mörder ist über Nacht ein Spießer geworden, glücklich mit seiner Familie. Das kleinliche Leben beginnt, wenn auch im Augenblick in Palm Springs. Er läßt sich Glückwunschtelegramme und Geldscheine schicken, die Betrogenen spielen begeistert mit. Die junge Mutter staunt, wenn sie ihren Retter am Telefon in fremden Sprachen parlieren hört. Noch kommt sie nicht mit, aber bald schon wird er es sein, der nicht mitkommt, ein armer Narr ... Denn er ist kein Mann, soviel ist klar, er wird nur zu rasch zum winselnden Weichling. Härte verlockt ihn nicht, Männlichkeit stößt ihn ab. Die Schönheit fesselt und prügelt ihn dann, bis er bewußtlos am Boden liegt. Im weichen Moos unter Dattelpalmen, es gibt keine Menschen, sie schlürfen *date shake*, um eine Spur zu süß, und wandern weit in die Oase hinein. Der Canyon wird schmäler, beklemmend eng, das Flußbett ist ausgetrocknet seit Monaten, das Grün bleibt zurück und die Wüste nimmt überhand. Indianerschutzgebiet, besagen alte, kaum noch lesbare Tafeln, wer aber beschützt die drei? Er trägt den schlafenden Säugling, meint vermessen, ein Lebewesen verdiene erst diesen Namen, wenn es sprechen kann. Ich kann Kleinkinder nicht leiden, sagt er, und küßt das Baby. Aber nicht alles läßt sich rückgängig machen. Er, der Europäer, fürchtet sich in dieser Natur. Er muß reden, er braucht das Geschwätz, es ist sein einziger Schutz gegen die Wüste um sie. Wer die Sprache beherrscht, bildet sich Nachbarschaft trotzdem nur ein, öffnet den Mund und spielt augenblicklich falsche Noten. Gespräche mißlingen, selbst die vermeintlichen Liebenden entzweien sich unentrinnbar, sobald sie reden. Du nützt mich nur aus zur Sättigung deiner Begierden, wirft sie ihm vor, du möchtest dein Leben für dich behalten. Wenn es nach dir ginge, blieben wir dauernd im Bett. Am liebsten würdest du mich abstellen wie den Fernseher, wenn du gerade nicht mit mir schläfst. Warum erzählst du mir nichts aus deiner Vergangenheit? Ich weiß gar nichts von dir, du aber weißt alles über mich.

Weil es kein Kunststück ist, alles über dich zu wissen, will er sagen. Weil es genügt, ein Mädchen auch nur anzusehen, um im Bilde zu sein. Aber das ist seine Meinung, sein schmutziger Hochmut, seine Oscar-Wilde-Schule, daneben steht laut das Gefasel vom Geheimnis der Frau, steht übergewichtig und jahrtausendealt die Verehrung der Mütter. Sie werden vergöttert für ihre Lust, für ihren Narzißmus, für ihre tierische Wärme. Eine unbefleckte Empfängnis jede, eine Heilige Nacht der Geburt und der Lebensgier nach der ringenden, triefenden, keuchenden Nacht der Zeugung. Und er will es wissen, muß es erfahren, wie hast du gekeucht mit dem anderen? Worin unterscheiden die Männer sich, könnt ihr einen Mann an seinem Eindringen wie am Namen erkennen, erkläre mir deine Empfindungen, die seelischen, die körperlichen, beschreibe mir alles klinisch genau! Wie ist es, eine Frau zu sein? Warum ist eure Lust unvergleichlich größer als unsere? Er bedrängt die wortlos Erfahrene, bis sie schluchzt, bis sie aufheult, laß mich in Frieden! Er beneidet sie um die andere Seite, um die Freiheit ihrer kindlichen Nächte, um die Freiheit des Landes, die sie atmet mit Selbstverständlichkeit und die ihn erschreckt und betört und umgibt wie eine drängende wilde, doch kalte Umarmung. So möchte auch er umarmen können, aber er ist zur Nähe nicht gebaut. Auf einmal denkt er an den Onkel, an die Lügenstadt seiner Herkunft, an den seltsamen Herrn in der *Maison Kammerzell*, und er schüttelt sich wie ein nasser Hund. Was hast du, ist dir kalt? fragt die Mutter und nimmt ihr Kind aus seinem Arm. Du darfst mir nicht krank werden, sagt sie, und die rettende Banalität ist wieder hergestellt.

In Mexicali, drei Autostunden südlich, heiraten sie. Der mexikanische Beamte fragt nicht viel, die lächerlich geringe Gebühr und ein gutes Trinkgeld genügen ihm.

Die Heirat wird zum Scherz eines Nachmittages, an dem der Bräutigam den hübschen Jungen des Städtchens nachblickt. Sie merken es und pfeifen ihm zu, aber freundlich. Der Verschwender, der sich nie binden wollte, hat die Faust gegen sich gerichtet. Ein erster Schlag, dem von diesem Datum an nur noch Verbrechen an der eigenen Natur folgen werden. Noch keiner hat es so unversöhnlich auf sich selber abgesehen wie der neu gefesselte Ehemann. Kaum sind sie in Agnes' Villa zurück, liegt es sich nicht mehr so gut wie vorher auf den Betten. Sie ziehen von Zimmer zu Zimmer, lassen das Sterbezimmer nicht aus, probieren die Matratzen des Hauses, merken bald und sagen es nicht, der Klebstoff ist bereits brüchig geworden, das Einswerden deckt die Risse nicht zu. Er träumt von den mexikanischen Jungen, erzählt der Mutter des Knaben von seinen Knaben, und sie lächelt madonnenhaft. Sie gibt vor, zu verstehen und nicht zu erschrecken. Aber er kennt nur ihren Körper und nicht ihren Kopf. Keine Frau vergibt einem Mann, der nicht unbedingt Frauen braucht. Als fürchteten sie um die Sättigung ihrer Gattung in übermenschlicher Einmütigkeit. Die Frauen, er wird es noch lernen müssen, rächen sich immer: als Mütter, als Mätressen, als Eheweiber, als Töchter und als Erinnyen, nicht zuletzt aber als *die* Natur. Das vordergründige Verwelken.

Aber soweit sind die beiden noch nicht. Agnes schickt als Hochzeitsgeschenk eine Flugkarte für Mutter und Kind, irgendwohin nach Europa. Das Ziel ist offen, noch ahnt keiner, wie lange es offenbleiben wird. Das Geschenk hat mit Hinauswurf nichts zu tun, ganz im Gegenteil, Agnes bittet die junge Familie, in ihrer Villa zu bleiben. So viel Leben, meint die Millionärin übers Telefon, wird vielleicht den Totengeruch vertreiben. Aber wie sie es sagt, legt die Vermutung nahe, Agnes' Spürsinn sei gar nicht so hochentwickelt, vielmehr verdorben von teuren Parfums. Europäische Bösartigkeit, die junge Mutter zeigt sich empört, wie kannst du immer gleich Schlimmes denken? Das fragt er sich auch, wie kann er nur? Und weil der Winter zu Ende geht und die Tage länger werden, gelingt ihnen jetzt mit einiger Regelmäßigkeit die Teilnahme am Licht der Sonne. Sie preisen den wachsenden Tag, sollten sie etwa gar übersehen, daß sie täglich früher das Bett verlassen, gelangweilt von ihrem schwülen Spiel, hungrig nach Außenluft und der schönen Einsamkeit, ohne verschlungene Hände durch die Straßen zu gehen? Aber dann, in dem Supermarket, wo sie Milch und Windeln kaufen, küssen sie einander plötzlich mit einer fiebrig verzweifelten Gier, daß die Kunden verstört die Köpfe schütteln. Das hat mit Leidenschaft nichts mehr gemeinsam, so umklammern sich Opfer vor dem Schafott.

Er kennt diesen allerletzten Kuß. Es ist einmal der letzte gewesen, vor allem Anfang, er erinnert sich gut, und seither gelten ihm Küsse nichts mehr. Wenn er sich trotzdem dazu versteigt, dann ist es ein Abgleiten in die Routine, wie man nun einmal ißt und trinkt, zu viel und zu maßlos gerade dann, wenn einem nach nichts der Gusto steht. Und ausnahmsweise erzählt er jetzt der Partnerin seiner schönen Entfremdung aus der sogenannten Vergangenheit. Er schleppt seine Welt als schweren Block vor das Mädchen, betont, daß vergangen nicht vorüber ist, enthüllt in Palm Springs seine Leichenliebe, die ihm teuer bleibt und die ihn, allem Neuen zum Trotz, überstrahlt, überschattet, einholt und jagt. Diese Besessenheit sagt sich nicht. Wie darf er sich einer Achtzehnjährigen zumuten? Er schreit sie an, du mußt mich retten, hörst du mich, du mußt meine Brücke zur Wirklichkeit werden, du mußt mich erlösen, hörst du mich! Sie aber hat sich nie in den Sinn gesetzt, für einen anderen Menschen dazusein, nur weiß sie das heute noch nicht. Sie wird sehr bald schon deutlicher sehen, im Augenblick schweigt sie feierlich. Aber die Umständlichkeit ihres Umzuges, die Übertriebenheit ihrer Liebkosungen, die Unzahl ihrer Liebesbeteuerungen, auch und vor allem in Gegenwart anderer, überzeugen nicht. Mit PANAM fliegen sie nach Europa, nonstop, es liegen elf verspielte und verschlafene Stunden zwischen dem Pazifischen Ozean und Heathrow Airport, dem Drehpunkt seiner jetzt unaufschiebbar gewordenen Entscheidung, wohin es gehen soll. Er wird ein Leben lang in Heathrow stehen und sich fragen, wohin – und wozu? Er wundert sich auch, woher er das Geld nimmt, das er unbedacht verschleudert. Er weiß es nicht. Freunde in Holland, alte und welterfahrene Menschen, raten ihm von der Beziehung ab. Die Augen des Mädchens wandern zu sehr, sie hat noch nicht ihre Ankunft vollzogen, noch sucht sie, so sieht die Liebe nicht aus. Beim Abschied schenken sie dem Paar auf Wanderschaft einen Tausendguldenschein »für das Kind«. Im Hotel legt die Frau den Verlobungs- und Ehering in einen Aschenbecher neben dem Bett. Als sie Amsterdam schon verlassen wollen, entdeckt sie den Verlust. Sie rasen zurück und hinauf aufs Zimmer und finden natürlich den Schmuck nicht mehr. Das Stubenmädchen beteuert, nichts gesehen und nichts entwendet zu haben. Der Fall liegt klar und läßt sich doch nicht beweisen. Ein böses Omen, er spricht es aus mit seiner Gier nach schneidenden Worten. Im Norden des Landes, sie sind noch keine zwei Stunden unterwegs, besteht sie, die bislang geschwiegen hat, auf einer neuen Übernachtung. Ein Motel wird gefunden, nahe am Meer, und einen Nachmittag und einen Abend und eine Nacht lang will sie nur das, was allein zu wollen sie ihm vorgeworfen hat unter Dattelpalmen. Er hat sie niemals so fordernd und wund erlebt. Sie will, daß er das Omen aus ihr hinausspült mit seinem Samen, sie will das Omen ersticken mit Leidenschaft. Sie wechseln kein Wort in diesem Wahnsinn, erst als das Kind zu schreien beginnt, lacht sie auf, daß alle Männer der Welt ihr nicht genügen könnten. Ich brauche mehr. Dieser Satz wird ihn verfolgen, das Omen als schillernde Bestätigung einer unmöglichen Liebe. Einmal wird er diese *Familie* seiner Mutter vorstellen müssen, ihm graut davor, den Kreis zu schließen, die Illusion seiner gelungenen Flucht zu belasten mit dem Gewicht des Unausweichlichen. Sie werden heiraten, noch einmal, römisch-katholischer Ritus, in einer kleinen Kapelle dieser verhurten Stadt, mondän und privat, und beim Hochzeitsmahl wird er den Priester verjagen mit seiner Geringschätzung der Ehe, die er lauthals zum besten gibt. Dann weint die Mutter wieder einmal, und die wenigen falschen Freunde lachen, und die Braut, ganz in Weiß mit Blumen im Haar, versteht nichts. Sie wird schnell seine Sprache lernen, aber mit verkehrten Vorzeichen, man redet nicht nur aneinander vorbei, sondern benützt die Worte als Waffen, es wird ein schmutziger, blutiger Krieg, in irgendeinem utopischen Buch hat er gelesen von Materie, Antimaterie, diese beiden scheinen einander ganz gleich, und zerstören sich doch bei Berührung.

VII

Ich sitze auf einer Treppenstufe im Apartmenthaus und
warte. Wenn ich die Hand ausstrecke, die linke oder die
rechte, könnte ich unsere Tür erreichen, aber die Tür ist
abgesperrt. Meine Mutter ist nicht zu Hause. Vielleicht
wird sie bald zurückkehren, vielleicht aber wird es lange
dauern, bis sie nach Hause kommt. Ich habe zu warten.
Als ich vor einigen Tagen nach Italien abreiste, in den
äußersten Süden hinab, bat sie mich, die Wohnungs-
schlüssel daheim zu lassen. Du brauchst die Schlüssel auf
der Reise nicht, du könntest sie verlieren, gib mir die
Schlüssel! Ich wollte nicht reden und gab sie ihr. Sie liegen
jetzt im zweiten oberen Fach des Vorzimmerschrankes,
dem dafür vorgesehenen Platz, zwei Meter von mir entfernt, hinter der Tür, die versperrt ist.

Die Stille im Treppenhaus bedrückt mich. Anfangs
sprach ich einige Worte, dann ganze Sätze halblaut vor
mich hin. Bald aber schwieg ich wieder und schweige
noch immer. Ich glaube mich für diese Stille verantwort-
lich, obgleich ich sie nicht mag. Angeblich wohnen über
sechzig Familien, mehrere hundert Menschen, in diesem
Haus, es ist schon gesagt worden, es überrascht nicht
mehr. Doch ist alles ruhig, und ich könnte nicht sagen, ob
hinter den weiß gestrichenen Wohnungstüren jemand
anwesend ist. Das Apartmenthaus scheint abgestorben,
das Treppenhaus erfüllt keine Aufgabe, denn alle benüt-
zen den Aufzug. Auch ich bin damit bis in unser Stockwerk hochgefahren. Jetzt sitze ich auf dieser Stufe, die
kalt ist, staubig, ungesund, wie meine Mutter sagen

würde. Wenn sie endlich heimkommt, wenn sie die Aufzugstür öffnet, werde ich mich rasch von dieser Stufe erheben, um keine Vorwürfe hören zu müssen. Aber wann kommt sie? Die Nachmittagsstille – alle arbeiten oder sind ausgegangen – ist unglaubwürdig.

Schon weiß ich ein wenig mehr über sie. Seit zwei Stunden, ich habe soeben auf die Uhr geschaut, sitze ich vor unserer Wohnungstür. Ich habe die Stille bedrückend genannt, das war ein Irrtum. Sie erweckt vielmehr Hoffnung, sie regt zum Träumen an. In unbestimmten Abständen läutet nämlich irgendwo im Haus ein Telefon, schreckt anderswo eine Türglocke auf. Die Stille ist nur der Rahmen für diese Anrufer und Einlaß Begehrenden. Aber jeder Anruf erschöpft sich ungehört. Wahrscheinlich bin ich der einzige, der diese für alle bestimmten Anrufe wahrnimmt. Nur bin ich nicht dafür zuständig.

Als ich heimkam, vor mehr als zwei Stunden, schien mir das Treppenhaus unerträglich warm. Ich hatte sofort Mantel und Weste ausgezogen, doch begann ich gleich darauf zu frieren. So hatte ich alles wieder angezogen, und jetzt sitze ich winterlich gekleidet und trotzdem frierend im Treppenhaus und warte. Ich könnte mir die Zeit in einem Café, einem Kino, einer Bibliothek vertreiben, aber nach dieser langen Reise bin ich einfach zu müde, um wieder fortzugehen. Der Gedanke, daß ich ohne Rast und ohne Hindernisse innerhalb kürzester Zeit vom südlichen Italien bis hierher gefahren bin, um nur ja schnell zu Hause zu sein, macht sich jetzt über mich lustig und schiebt die Gewißheit meiner Ankunft beiseite. Zu Hause sein heißt einen Schlüssel haben. Von Brindisi bis in diese Stadt war alles offen gewesen, die Straßen gehörten fast mir allein, sogar die gefürchteten Alpenpässe waren noch nicht wegen Schneefalls gesperrt. Ich hatte Hunger verspürt auf meiner Reise und hatte dennoch auf jede Mahlzeit verzichtet, ich hatte die größten Geschwindigkeiten gegen die Zeit ausgespielt, bis an unsere Wohnungstür war mir alles günstig geraten. Aber jetzt...

Soeben kam ein Werbemensch, der an jede Tür Zettel steckt, die Treppen herunter. Er muß natürlich auf den Aufzug verzichten, um seiner Arbeit rationell nachzukommen. Ich bin dem Werbemenschen augenblicklich ein Hindernis, weil sich auch mein Koffer neben mir auf der Treppe befindet und ein Vorbeigehen verbietet. So habe ich mich erheben müssen, um Platz zu schaffen. Ich bin zur Seite getreten, um den Werbemenschen durchzulassen. Wir haben nicht einmal mit dem Kopf genickt, das Vorbeihuschen erinnerte mich an meine Bahnhofsknabenzeit, aber natürlich macht der Werbemensch sich Gedanken über mich, so wie ich mir Gedanken über ihn mache. Ich war dennoch fast froh, in ihm ein Thema gefunden zu haben, mit dem ich mich im Treppenhaus beschäftigen könnte, doch bereits jetzt, noch höre ich seine Schritte in einem der unter mir befindlichen Stockwerke, weiß ich, daß er mir kein Thema sein kann. Wer von uns beiden hat es besser, der Werbemensch, ich...? Auf jeden Fall ich, aber ich bin mir zu Unrecht so sicher, denn zur Stunde bin ich nichts, ein frierend Wartender, während er, der Zettelverteiler, ein tätiger Mensch ist. Er geht einer Arbeit nach. Letztlich sind wir jedoch beide, er und ich, traurige Gestalten, geht es mir durch den Kopf. Wir müssen froh sein, wenn keiner uns sieht. Was hat der Werbemensch an unsere Tür gesteckt? Ich könnte den Wisch an mich nehmen und lesen, aber mich interessiert dieser Werbekram nicht. Der Zettel ist für meine Mutter bestimmt, sie kümmert sich um die Einkäufe, sie soll ihn lesen.

Sollte ich einen Nachbarn ersuchen, mir den Koffer bis zum Abend, denn abends muß meine Mutter ja kommen, aufzubewahren? Dann wäre ich freier und könnte ein wenig spazierengehen. Aber was bedeutet in diesem Haus der Begriff *Nachbar*? Man kennt einander nicht, man grüßt einander auch nicht. Ich kann die Belästigung niemandem zumuten, lieber will ich warten.

Dabei drängt es mich zur Arbeit. Um zu arbeiten, nur deshalb, bin ich übereilt zurückgekommen. Es gab einen Einfall, einen lang entbehrten, da drunten bei Brindisi, und ich wußte plötzlich, jetzt war die Reise beendet. Mein Vorhaben, weitere Städte zu besuchen, andere Menschen zu sehen, war auf einmal inhaltlos geworden. Ich wollte nur noch zurück und gehorchte einzig diesem Drängen.

Mein Koffer ist vollgestopft mit Briefen und Büchern und Dokumenten. Um mich zu beschäftigen, um mich in die Arbeit einzuüben, könnte ich meine Papiere lesen, ordnen, überarbeiten. Aber jetzt, endlich habe ich mich zum Öffnen des Koffers durchgerungen, wird es Abend. Der Winter ist Nachtzeit, die Tage sind Andeutungen, die Sonne verkommt zum üblen Scherz. Ich bin gezwungen, die elektrische Treppenhausbeleuchtung in meinen Leseversuch mit einzubeziehen, und ich drücke den roten Lichtknopf, der in die träufelnde Dämmerung hineinglüht. Sie haben jedoch aus Sparsamkeitsgründen in diesem Apartmenthaus ein Zweiminutenlicht installiert, dieser Rhythmus gestattet kein Arbeiten, also presse ich meinen Koffer wieder zu und warte weiterhin auf gewohnte Weise.

Die Nacht wird endgültig. Zum erstenmal denke ich daran, daß meine Mutter nicht heimkommen könnte. Sie könnte ihrerseits eine Reise angetreten haben, etwas Unvermeidbares, Unaufschiebbares, alles ist denkbar, was weiß denn ich, alles Denkbare möglich. Ich versuche die Stunde zu bestimmen, bis zu welcher ich im Treppenhaus zu warten bereit bin. Einen Notplan erstelle, erfürchte ich, lege fest, zu welchem Zeitpunkt ich in ein Hotel übersiedeln werde. Ich zögere, diesen Schritt allzufrüh anzusetzen, der Gedanke widert mich an.

Die Hausbewohner kommen heim. Die Aufzugstüren werden geöffnet und geschlossen, alle kehren zurück, der geschäftige Tag hat ausgespielt. Nur keinen Menschen treffen müssen, hoffentlich entdeckt mich hier keiner! Das Zweiminutenlicht wird immer häufiger eingeschaltet, dazwischen liegen kleine Inselchen der Dunkelheit. Ich erfahre den Unterschied zwischen Licht und Finsternis. So weit waren die beiden noch nie voneinander entfernt, diese Entfernung wird unermeßlich, durchfährt es mich. Eigentlich ist die Dunkelheit angenehmer, verführerischer, sie ist anspruchslos. Wenn kein Licht brennt, darf ich die Reise, die ich vor Stunden erst beendet habe, wieder erleben. Die Erinnerung an den italienischen Frühwinter, an den Geruch der verbrannten Felder, diese Erinnerung hebt mein Warten auf. Wenn aber das Licht aufflammt, könnte es meine Mutter sein, die endlich das Haus betritt und jetzt mit dem Aufzug in unser Stockwerk hochfährt. Dann ist meine Ungeduld wieder zwei Minuten lang am Leben. Doch in unserem Haus wohnen bekanntlich über sechzig Familien, mehrere hundert Menschen, zum drittenmal … Jeder schaltet das Licht an und benützt den Aufzug, wenn er kommt oder geht. Meine Mutter ist aus der Betriebsamkeit des Sechs-Uhr-Abend-Hauses wegzudenken wie mein Warten. Vielleicht kommt sie bald, vielleicht kommt sie spät, warum bin ich mir ihres Kommens so sicher? Die bloße Gewohnheit, nach jeder Nacht aufs neue das Licht der Sonne zu sehen, beweist uns nicht ihren Aufgang morgen, sagte der Mathematiklehrer, der auch ein Sänger war. Es könnte geschehen, daß wir eines Tages im Dunkel bleiben, nur die Wahrscheinlichkeit stellt sich entgegen, sagte er, oder war es Gesang? Mein Warten ist stolz, ich müßte kleiner warten, mit ein wenig Angst unter der frierenden fühllosen Haut.

Was heißt schon Wahrscheinlichkeit?

Mir fehlt ein Schlüssel, ein winziger, alles verändernder Gegenstand, den meine Mutter bei sich trägt. Meine Mutter ist der Schlüssel, bin ich versucht zu sagen. Es ist kalt, es ist Nacht, alle sind heimgekommen. Ich habe die erschöpfendste Reise hinter mich gebracht, vor Ungeduld glühend, atemlos, um an dieser Tür zu scheitern, einem Schlüssel, einer Abwesenheit.

VIII

Wenn er mit seinen Kindern Verstecken spielt, verbirgt er sich so geschickt, daß es ihn gar nicht mehr gibt. Dann rufen die Kinder nach einiger Zeit, our papa has disappeared, und sie stehlen sich ängstlich ins Haus zur Mutter. Er aber wollte ihnen nicht Angst einjagen, er nahm den Zweck des Spieles nur so ernst, daß er völlig darauf vergaß, es mit Kindern zu tun zu haben. In seinem Versteck erwartet er das Schlimmste. Als könnten ihn nicht die Kleinen entdecken, sondern irgendein tödlicher Feind. Wenn hier jemand Angst hat, dann ist er es, die Angst beherrscht sein Leben. Er sieht sich umgeben von Mördern und Unglücksfällen, er denkt das Schwärzeste und unterscheidet kaum zwischen Vergangenheit und Zukunft. Seine Erwartung wird ein Erinnern, und seine Erinnerung zittert vor Ungeduld. Our papa has disappeared, rufen die Kinder, und sie rufen nicht: unser Vater ist verschwunden. Sie sprechen kein Deutsch, und ihr Vater ist froh, sie fernzuhalten von seiner verknoteten Herkunft. Nur manchmal, nachts, wünscht er sich plötzlich, mit seinen Kindern deutsch zu sprechen. Dann lebt er beim Erwachen einige Stunden lang mit den besten Vorsätzen, die ihm zerfallen unter der Winterstarre seiner Existenz. Überhaupt die Qual, sich nicht länger sammeln zu können. Die Unfähigkeit zur konzentrierten Minute. Als stünde er außerhalb seines Lebens und schaute zu, wie die gerade Linie verschwimmt. Darüber läßt sich mit niemandem sprechen. Und wenn auch einer zu ihm sagte, genau dasselbe fühle ich auch, es würde ihm nicht helfen können. Er hat sich oder etwas auf immer verraten. Er wird hart und bitter in diesem Wissen. Er trinkt. Die Nacht wird seine Zeit. Nicht Zeit der Ruhe, nicht Zeit der Lust, die ist einsam geworden und erledigt sich rasch. Nicht Zeit der Arbeit, er tut nichts mehr. Der von Möglichkeiten Umgebene spielt den Blinden und kehrt zurück zum Ausbrechenwollen seiner Kindheit, zur quälenden Sehnsucht, die keinen Namen hat. Sie wiegt schwer, und er türmt sie empor wie der Baumeister eine Kathedrale. Er hat sich Knaben gewünscht und ist von Mädchen umgeben, wie sollte er da seine Hohen Messen der Nüchternheit feiern, alles um ihn klirrt von Geheul und lautem Gefühl. Er bettet sich schlecht in dieser wärmenden Häuslichkeit, die er doch selber geschaffen hat mit seinem Menschenhunger an der Oberfläche. Sie hat ihn gewarnt, die junge Mutter von morgen, und er hat ihr den Mund verschlossen mit dem klugen und leeren Satz, wer zu spielen bereit ist, sollte zu allem bereit sein. Es war kein Gerede gewesen, kein falsches Verführungsgeflüster, und trotzdem: Ist er zu allem bereit? Er ahnt jetzt, zu gar nichts ist er bereit. Wie soll er diese Kinder führen an ihren kleinen heißen Fäusten, wie seine sogenannte Frau, die in dieselbe Einsamkeit sinkt, in der er längst schon steckt? Es ist die Bahnhofseinsamkeit, die Einsamkeit eines Großvaters vor dem Absprung, die Einsamkeit eines Mörders beim Begräbnis seines Opfers, die Einsamkeit eines Priesters, dem der Altar zerfällt, die Einsamkeit dessen, der am kalten Licht der *Neuen Welt* verglüht. Und doch nimmt dieses Leben alle und alles auf, wie auch der Ozean sich nicht wählerisch zeigt in der Wahl seiner Opfer. Zu ertrinken steht jedem frei, das ist die vielgepriesene Freiheit, unterzugehen nach Lust und Unlust, nach Ekel und nach Geschmack. Seine Frau stellt fest, du grübelst schon wieder, damit kommen wir nicht voran. Sie hat recht, er verzeichnet kein Weiterkommen, natürlich arbeitet er irgend etwas, erntet dafür einen lauwarmen Tag, sie leben von der Hand in den Mund. Sein Ehrgeiz ist längst zur verfahrenen Laune geworden, seine Liebe zur Literatur hängt als Knoblauchgeschmack in seiner Kehle. Sie essen im griechischen Restaurant, umgeben von Freunden, sie trinken *Santa Laura* flaschenweise, die Geburt des Kindes steht vor der Tür, die Mutter bleibt nüchtern, dem Kind zuliebe, und im späten Rausch einigt man sich auf den Namen des ungeborenen Wesens, wenn's ein Junge ist, dann..., wenn's ein Mädchen wird... Sie fahren heim, sie lieben sich, ein Name für alle Fälle steht in der Luft, und im Morgengrauen weckt die Schwangere den katzenjammerbehafteten Vater, fast klingt sie verlegen, stammelt leise, du, ich glaube, es ist soweit. Anfangs weiß er nicht, wovon sie redet, er sinkt zurück und schläft gleich wieder ein, sie muß ihn wieder und mehrmals wecken, bevor er sie endlich, ungewaschen und ungekämmt, mit *Santa Laura*-Fahne in die Klinik befördert. Er verflucht jetzt den gestern gefundenen Namen, kaum taucht ein Wort auf, er weiß es zu gut, sucht dieses Wort nach seiner Wirklichkeit. Ein Name schreit nach seinem Träger, da gilt die Berechnung der Ärzte nichts mehr, sondern nur die Ungeduld des Wortes. Ein junger Arzt, ein Pakistani, untersucht die Schwangere, entdeckt den zerrütteten Zustand des Vaters, schickt ihn nach Hause, das kann noch lange dauern, schlafen Sie erst, waschen Sie sich, es kann Abend werden, es eilt wirklich nicht. Und als das Läuten des Telefons ihn weckt, ist die Mittagsstunde bereits vorüber, kaum rafft er sich auf aus diesem wahrhaft besessenen Schlaf, der Arzt ist persönlich an der Leitung, sagt in seinem kaum verständlichen Englisch, es hätte Schwierigkeiten gegeben mit der Atmung des Kindes, man hätte sich von einer Minute zur nächsten zum Kaiserschnitt entschieden, natürlich sei alles gut gegangen, und das Kind sei schon da, ein Mädchen. Wieder ungewaschen und unrasiert rast der Vater zum Krankenhaus, die Mutter ist noch im Operationssaal, man fährt soeben das Kind heraus in einem gläsernen Wagen, dieses Kind hat keine verklebten und keine geschlossenen, sondern die offensten und klarsten Augen und blickt ihn an, den Ungewaschenen, der hoch darüber steht und nach unten starrt. Das ist also der große Moment, hier ist sein Kind, das etwas erwartet von ihm, dem Vater. Die Begegnung auf dem Korridor hat kaum eine Minute gedauert, als die Schwester den gläsernen Wagen auch schon weiterschiebt, nein, er könne nicht mitkommen, jetzt nicht. Eine Gesetzlichkeit herrscht in der Welt, die ihn stets aufs neue erschlägt, aber er lehnt sich nicht dagegen auf. Stille. Auch die Mutter schläft jetzt und darf nicht gestört werden, er fühlt sich nicht nur, er *ist* überflüssig, er weiß es und atmet erleichtert auf. Ein Vater eben, die Väter werden nicht selten mit falschen Namen bedacht, sie werden nicht selten von ihren Kindern ermordet. Er müßte sich abfinden mit seiner Statistenrolle. Er verläßt das Krankenhaus, diesen roten Ziegelbau der Gleichgültigkeit gegenüber dem Leiden, dem Leben, dem Tod, und die Hitze des Julitages schlägt ihm ins Gesicht. Er hat sie bisher nicht wahrgenommen, zu hastig vollzogen sich seine Fahrten, aber jetzt, da die Spannung von ihm abgefallen und sein Horizont erweitert ist, erweitert um diesen neuen Menschen, der ihm nahesteht, unaussprechbar nahe, sind auch seine Sinne schärfer geworden, als sie jemals zuvor waren. Gut, er hat die Dramatik verschlafen, auf die seine Angst zudrängte, monatelang, er ist der Gebärenden keine Hilfe gewesen, aber jetzt sieht und hört und riecht er besser. Neugeboren auch er. Die Autoabgase würgen ihn, als er über den Parkplatz geht, in diese stinkende Welt ist also sein Kind geboren worden, die Schmetterlinge beim Blütenstrauch machen ihn schwindeln, in diese quälende Vielfalt hinein ist also sein Kind geboren worden, und das Dröhnen eines Flugzeuges hoch über ihm bohrt sich in sein Gebein, unter diesen zerschnittenen Himmel ist sein Kind geboren worden. Die Welt hat doch gar keinen Platz für das Baby, Unsinn, die Welt läßt sich dehnen. Er möchte sich freuen, er flucht, er beißt sich in die Lippen, er muß doch etwas *fühlen* können! Er *muß* sich freuen. Er weint. Nicht lautlos weint er, sondern krampfhaft, geschüttelt, und ein Parkplatzwächter steht plötzlich hinter ihm und fragt voller Anteilnahme: Ein Todesfall?

Man erwirbt Routine im Lügen, im Kinderkriegen, im beherrschten Weinen, im Brückensprengen. Man faßt sich und geht zur Mutter zurück, die jetzt langsam aus der Narkose erwacht. Ein schwaches Händehalten und ein trockener Kuß. Ein kleines Mädchen. Gratuliere. Die Mutter bleich und schön, und das Kind gehört ihr. Man tritt es gern ab, um aus dem Zwang entlassen zu werden, eine Straße bauen zu müssen vom ermordeten Vater zur einsamen Mutter zur Flucht zur vorläufigen Ankunft in diesem Land und in dieser Ehe in diesem Krankenhaus. Jungfräulich ist nichts mehr, alles fortan Wiederholung, Variation ohne die Kunst der Fuge. Dieses Kind gehört einer anderen Sprache, mit der Zeit wird es grandfather, grandmother sagten, aber mit dem Ton der Legende, lockerer Spielzeuggleichgültigkeit. Eine Schwester gesellt sich dazu, sanfter Chor der Ungläubigkeit, und der Vater, meinen die Kinder, ist ja ganz nett bis auf seinen unheilbaren fremden Akzent und die lästige Neigung, immer von *früher* und *drüben* zu sprechen, als gäbe jemand was drum. Vaters Märchen, er ist doch noch gar nicht so alt! Die Kinder irren, Vater ist alt, hat wie der Dichter Baudelaire drei Minuten in einer gelebt. Seine Mutter kommt auf Besuch, die weite Reise begeistert sie, jetzt ist auch sie in der *Neuen Welt*, sie kann es nicht fassen, sie kann mit den Enkelkindern nicht reden, ihren Maler erwähnt sie nicht mehr, man lächelt einander verlegen zu. Man erwirbt Routine auch darin, und außerdem, wer heute noch von Entfernung spräche, der hat nichts zu suchen in dieser Zeit. Freilich lebt auch der Verschwendervater nicht in der Gegenwart, er hat ja die Zukunft vorweggenommen mit seinem gierigen und gespaltenen Leben. Hat die Zukunft geteilt mit dem Doppel-Ich, dem ewigen Widerspruch seiner besseren Einsicht, was jede Erwartung halbieren muß. Er ist gewarnt, er darf nie wieder unbeschwert Menschen empfangen, der fremde Herr in Stresemann-Hosen, schwarzem Sakko und grauer Weste könnte sich wieder einfinden, hier wie überall, und geschickt in allen Sprachen die Gäste beleidigen. Der Mutter wenigstens sollte man seinen Besuch ersparen. Er könnte das Helle dunkel färben und Unbefugten von den Toten des Mörders erzählen, es ist ja nicht beim Onkel geblieben, der war nur ein Anfang, ein düsterer Morgen, wie steht es mit den vergessenen Namen, dem fremden Herren ist keiner entfallen, wie mit den abgetriebenen Kindern, wie mit den unbezahlten Schulden, er könnte den Wein, der jedem mundet, für ungenießbar erklären, Skandal und Schande rufen, er könnte den schönen Schein zerschmettern, die kostbaren Anschriften dieser Flucht auf einen Zettel schreiben und im Kamin verbrennen, man ist vor dem Fremden nicht sicher, man bleibt ein verängstigter Feigling seit jenem Abend in der *Maison Kammerzell*. Nur Klugheit wird einen retten können, man setzt keinen Namen vor die Tür, man besteht bei der Telefonverwaltung auf geheimen Nummern, man fällt nicht auf, lebt gutbürgerlich mit dem versteckten Chaos im Herzen, mit dem heimlichen Haß auf die Ordnung der Bürger, mit der bürokratisch belegten einwandfreien Vergangenheit. Da soll bloß einer kommen und das Führungszeugnis verlangen, man hat keine Angt vor dem gründlich begründeten Schein, eigentlich ist der Fremde ein Schurke, ein Terrorist, vielleicht auch ein Racheengel, und wie ungerecht ist eine Gerechtigkeit, wo das Doppel-Ich sich nicht verklagen läßt, wo es uns nicht gestattet wird, die andere Seite ins Gefängnis zu werfen, an die Wand zu stellen, Schuld an Schuld?

In dieser greifbaren Welt des täglichen Schreckens steht die Limousine des Doppelgängers nur zu oft vor dem Haus geparkt. Die private Straße, entdeckt der Bürger, ist noch immer gefährlich öffentlich, kein Tor und kein Zaun verändern die Lage, und wer weiß, wie die Kinder auf solchen Besuch reagieren würden? Der fremde Herr, es genügt an Straßburg zu denken, ist maßlos und unerzogen wie sonst nur noch *einer*. Man steht im Badezimmer und schaut in den Spiegel und fürchtet ihn. Sich endlich einmal mit ihm auszusprechen fällt einem nicht ein. Und selbst wenn man dieses Gespräch versuchte, der andere würde die Antwort verweigern, soviel ist gewiß. In den Sommerwochen kehrt der Mörder und Vater, es ist bekanntlich alles verjährt, jetzt gern in die Stadt seines Verbrechens zurück. Er spielt Fremdenführer seinen Kindern und seiner traurigen Frau. Er führt sie alle ins einsame Haus seiner einsamen Mutter und feiert den Sommer als einen letzten Anlauf aufs Leben. Aber er schleppt sie auch auf die Friedhöfe der Stadt und zeigt ihnen *seine* Gräber nach einem perfekten Besichtigungsplan. Er hat die Tour seiner Mutter übernommen und erweitert ins Unerhörte. Das ist große Strategie, wie er das macht, er ist der beste Schüler seiner Vergangenheit. Seht hier Sonja, die Süße, an die Friedhofsmauer gebettet, geboren am selben Tag wie ich, nur leider gestorben im zehnten Jahr, sie war aufgebahrt und wurde begraben in einem blauen Sarg, nimmer vergesse ich ihren Abschied, und hier wohnt Joanna, im Tod ohne das H geschrieben, das ihr jeder im Leben zugestand, Johanna, einzige Fürsprecherin meiner einzigen Liebe, fragt nicht, nicht jetzt, sie trug ein liebes Gesicht, hat natürlich Selbstmord verübt wie alle wertvollen Menschen, und hier schläft Wolfgang, ein kluger Junge, zu klug vielleicht, wie es damals hieß, vom Mönchsberg gesprungen, Freitod auch er, und Reinhard daneben, sein sanfter Bruder, in den ich verliebt war zuzeiten, beide so jung, als hätte der eine den andern gerufen, aber kommt, meine Lieben, seid nicht so langsam, hier ruhen die Eltern Georg Trakls, des Dichters, ihr wißt ja, man soll es nicht glauben, wie gründlich sich Eltern und Kinder versäumen können, man soll es nicht glauben, und da drüben wohnt Großvater mit seiner Cäcilie, es war eine traurige

Geschichte, aber häufig zum Lachen auch, und habe ich euch vom Onkel Karl erzählt, der liegt gleich daneben, ich habe ihm einmal die Pfeife entrissen und bin damit durch den sonntäglich überfüllten Bräustübl-Garten gerannt, ein Vierjähriger mit einer Pfeife, er hinter mir nach, ich unter den Tischen durch, und einige hundert Menschen lachten, sei es drum, das ist lange her, und doch wieder gar nicht so lange, denn die Rückschau erscheint uns immer kurz, zehn Jahre sind nichts, und wenn sie schon *nichts* sind, dann wären auch hundert und tausend Jahre ein Nichts, weil Nichts mit Etwas multipliziert immer wieder ein Nichts ergibt, also nur nicht allzuviel Achtung vor der Zeit, liebe Kinder, und hier wohnt Regina, bald schon so lange tot, wie sie gelebt hat, aber was habe ich gerade gesagt in Sachen Zeit? Ich will euch bei Gelegenheit von ihr erzählen, ich hatte sie lieb, ein Universum der Schüchternheit umhüllte mich damals, sie schwänzte Schule für mich, Regina, und gleich um die Ecke schläft mein Lehrer, mein Deutschprofessor und guter Geist, doch endlich kommen wir zum Onkel, er ruht mit dem Untersberg im Rücken, ich bin mir ganz sicher, daß er ruht, dieser Rosenstock auf seinem Grab stammt aus seinem Garten, aus seinen Händen, Mutter hat ihn verpflanzt, dieser wichtigste Onkel der Welt, liebe Kinder, wie kann ich ihm sagen, daß es mir leid tut, wie kann ich ihm meine Liebe bezeugen, die den Umweg über den Mord nehmen mußte, nein, nicht mußte, es ist nicht so einfach, Schuld läßt sich nicht beiseite kehren, doch wenn ich bete, selten genug, bete ich zu meinen Toten: Meine Toten, segnet mich..., so ist es, verrückt, aber Schluß damit, gehen wir jetzt, schon wird es Abend, das Auto wartet, und irgendwo in der Stadt wartet auch eine Konditorei mit Kuchen und Eis. Diese Hilflosigkeiten auf englisch erschöpfen nicht wenig. Und wenn die solcherart Durcheinandergebrachten Fragen stammeln, dann sind es Höflichkeitsfragen, natürlich, auf die Antwort kommt es dabei nicht an. Der beschämte Vater sieht seine Töchter in ihren bunten und hübschen Kleidern aus dem Friedhof tänzeln. Sie sind Teil dieser Toten und verstehen doch nichts, doch er merkt, auch er selber versteht nicht viel. Wenn er mit ihnen Verstecken spielt, verbirgt er sich so geschickt, daß es ihn gar nicht mehr gibt.